TAROT

Spiegel des Lebens

Mario Montano

TAROT
Spiegel des Lebens

Urania Verlags AG

1. Auflage: 1. bis 5. Tausend 1984
2. Auflage: 6. bis 10. Tausend 1985
3. Auflage: 11. bis 15. Tausend 1986
4. Auflage: 16. bis 20. Tausend 1986
5. Auflage: 21. bis 25. Tausend 1987
6. Auflage: 26. bis 30. Tausend 1988
7. Auflage: 31. bis 35. Tausend 1988
8. Auflage: 36. bis 40. Tausend 1989
9. Auflage: 41. bis 45. Tausend 1989
10. Auflage: 46. bis 55. Tausend 1990
11. Auflage: 56. bis 65. Tausend 1991
12. Auflage: 66. bis 75. Tausend 1993
13. Auflage: 76. bis 85. Tausend 1995

ISBN 3-908644-53-4

Urania Verlags AG, CH-8212 Neuhausen

Printed in Germany

Inhaltsverzeichnis

Die Hofkarten 67

Experimente mit den Hofkarten 73

Einführung in das Kleine Arkanum 76

Das kleine Arkanum 83

Einleitung

Durch Jahrtausende hindurch haben Menschen in allen Ländern der Erde nach Antworten gesucht. Sie haben den Sternenhimmel befragt, den Flug der Vögel, Stöcke, Münzen, Teeblätter, Würfel, die Eingeweide von Tieren, und Karten gespielt . . . und es kamen tatsächlich Antworten.
„Gott",so haben sie geglaubt, ist überall. Wenn es stimmt, daß sich kein einziges Blatt ohnes Gottes Willen bewegt, dann muß es genügen, die Bewegung der Blätter zu beobachten, um Gottes Willen herauszufinden. Die Suche nach Antwort war für sie eine göttliche Handlung, vollzogen durch den Seher, den Astrologen, den Shamanen, denn das Universum ist eins, und die gleiche Macht, die die Planeten bewegt, bringt auch die Würfel ins Rollen. „Wie oben, so unten."
In unserer westlichen Kultur haben Astrologie und Tarot immer mit der Annahme gearbeitet, daß es eine Verbindung von Phänomenen gibt, die auf den ersten Blick gar nichts miteinander zu tun zu haben scheinen. Es ist eine Beziehung der Ähnlichkeit, der Affinität, der Sympathie, der Synchronizität, ganz im Gegensatz zu der gewohnten kausalen Verknüpfung von Ereignissen durch Ursache und Wirkung. In der Astrologie wird angenommen, daß die Gestirnkonstellation zum Zeitpunkt der Geburt die Gesamtpersönlichkeit widerspiegelt, und beim Tarot wie beim I Ching wird aus dem auf dem Tisch liegenden Muster die Antwort auf die Frage gesehen, die jemand beim Karten-Mischen oder Münzen-Werfen im Sinn gehabt hat.
Welche Erklärung man auch immer heranziehen möchte, das Spiel funktioniert. Seit Jahrhunderten spielt man es, und es ist auch heute noch aktuell. Die geschichtlichen Ursprünge des Tarot sind widersprüchlich und geheimnisumwoben. Im 14. Jahrhundert tauchten die Tarotkarten das erste Mal in Europa auf. Manche sagen, sie seien aus Indien oder China gekommen, andere sehen den Ursprung in Spanien oder bei den Arabern. Einige meinen, das Tarot wurde von den Zigeunern benutzt, andere wiederum, es sei aus dem Heiligen Land von den Kreuzzüglern gekommen. Eine andere Ge-

schichte erzählt, daß die Tarotkarten auf einem Kabbalistenkongreß in Marokko entstanden sind, um ihre Lehre vor dem Feuer der Inquisition zu retten. Er gibt auch Leute, die glauben, das Tarot sei in Ägypten entstanden und durch die Jahrhunderte von den Gnostikern, den Pythagoräern und den Alchemisten weitergetragen worden.

Für uns erscheint die ganze Frage äußerst akademisch. Damit stimmen wir mit Aleister Crowley überein, wenn er sagt, daß die Ursprünge des Tarot völlig irrelevant sind, sogar dann, wenn sie sicher nachweisbar wären. Das Tarot muß an seinen eigenen Verdiensten gemessen werden.

Wir meinen, daß durch die Liste der konventionellen Meinungen die esoterische und schicksalserzählende Tradition an dem wahren Wesen des Tarot vorbeigegangen ist, nämlich ein Medium des Unterbewußten zu sein. Dieses Tarotbuch unterscheidet sich von anderen in einem wichtigen Aspekt: Wir geben keine festgesetzten Bedeutungen für die Karten, sondern eine Art der Deutung bei vielen anderen, möglichen Interpretationen. Wir wollen nicht am Verstand, an Erklärungen hängenbleiben.

Interpretationen kommen von einem bestimmten Hintergrund und enthalten Meinungsmuster, die dich hindern, die Symbole frei auf dich wirken zu lassen. Unser Denkapparat möchte das Unbekannte zum Bekannten reduzieren, um sich selbst zu versichern, daß nichts seine etablierte Identität stören kann. Auf diese Weise ist es nicht möglich, etwas Neues dazuzulernen. Wir lernen nur durch Erfahrung, nicht indem wir immer mehr Wissen ansammeln. Du kannst zehn verschiedene Ausdrücke für Liebe gelernt haben, und trotzdem mußt du lieben, um zu wissen, wie sich das anfühlt.

Ein Vergleich mit Träumen mag diesen Punkt noch näher erklären. Die tiefe, transformierende Kraft eines Traumes liegt darin, daß er über das alltäglich bekannte Muster hinausgeht und dadurch eine neue Sichtweise, eine neue Intuition und andere Wahrheiten erlaubt. Eben weil Träume unlogisch sind, können sie hilfreich für unser eigenes Verständnis werden. Wenn sich der Verstand als ungeeignetes Mittel erweist, die Botschaft des Tarot zu verstehen, müssen wir einen anderen Weg finden, nämlich den der Intuition.

,,Intuition" widerstrebt ihrer Natur nach einer klaren Definition, es ist deshalb einfacher zu sagen, was sie nicht ist, als was sie ist. Intuition ist kein Wissen, denn Wissen kommt aus der Vergangenheit, und die Vergangenheit existiert in Wirklichkeit nicht, sie ist eine Idee unseres Verstandes. Wenn wir mit dem Verstand versuchen, Antworten auf Fragen zu bekommen, sind wir nicht fähig, gleichzeitig zu einer intuitiven Ebene vorzudringen,

Wahrheit ist nur in der Gegenwart zu finden, in der Person, die eine Frage stellt, und in der Karte, die gerade in diesem Moment gezogen wird. Alles was nicht direkt aus dem Hier und Jetzt dieser Situation fließt, hindert dich am *Sehen*.

Intuition ist nicht Wissen, sondern unmittelbares, ganzheitliches Erkennen. Die Gegenwart ist ein sehr flüchtiges Phänomen, wir müssen sehr bewußt und wach sein, um sie zu sehen, bevor sie uns aus den Händen schlüpft. In einer tieferen Ebene der Bewußtheit ist keine Zeit zum Nachdenken. Es ist nicht möglich, gleichzeitig zu denken und zu erkennen. Versuche es einmal, während du dem Sonnenuntergang zuschaust oder fließendes Wasser beobachtest: In dem Moment, wo du anfängst nachzudenken, hast du den Gegenstand deiner Betrachtung verloren. Es ist nicht so, daß die Dinge um dich herum verschwinden, sie sind da, aber *du* bist nicht da. Denke nicht nach, sondern schau genau hin, analysiere nicht, sondern beobachte, interpretiere nicht, sondern stelle es dir bildlich vor. Verschließe nicht die Tür vor der Tarotkarte, laß sie in dich hinein und sieh zu, wie das Bild sich von selbst belebt, wie Figuren anfangen, sich zu bewegen und zu dir zu sprechen. Es ist ihre Aufgabe zu sprechen, und zu wiederholen, was sie sagen. Nur so kannst du ein Medium werden für die Botschaft, die sich durch dich ausdrücken möchte.

Wissen ist „aggressiv", aktiv, weil es bereits weiß und nur darauf aus ist, sich zu beweisen. Intuition ist passiv, sie möchte dazulernen, sie ist mehr wie Liebe, offen und rezeptiv.

Nimm z. B. eine Rose. Ein Wissenschaftler würde sie fotografieren, sie beobachten, sie mit allen bekannten Rosen vergleichen, ihre Charakteristika aufschreiben, sie klassifizieren, sie benennen und dann ein Messer nehmen, um sie aufzuschneiden und zu erforschen, wie sie funktioniert, ihre Biologie und innere Chemie studieren und am Schluß einen Bericht über sie schreiben: Das Foto, der Name und der Bericht werden für die Zukunft erhalten bleiben. Die Rose wird zerfetzt im Abfalleimer landen. Der intuitive Mensch wird der Rose seine ganze Aufmerksamkeit schenken, wird sie anschauen, ihren Duft einsaugen, wird sie lieben, wird sich mit ihr verbunden fühlen und wird dankbar sein, daß solche Schönheit existiert. Und in so tiefer Kommunikation eröffnet dir die Rose vielleicht ihr Geheimnis, sie gibt dir vielleicht eine Botschaft . . . Wenn dir die letzten Untersuchungen des

,,geheimen Lebens der Pflanzen" oder das Findhornexperiment bekannt sind, bei dem wunderschöne Gärten durch psychische Kommunikation mit den Pflanzen gestaltet wurden, wirst du wissen, daß dies mehr ist als bloß poetische Vorstellungskraft. Intuition wird gefördert durch den Umgang mit Symbolen. Symbole sind wie Antennen, die die Intuition benutzt, um Wellen mit sehr feiner Vibration aufzunehmen, die unserem Verstand entgehen.

Symbole sind vielschichtige Muster, Kanäle, die auf unterschiedliche Menschen verschieden wirken. Man kann sie aus vielen Perspektiven betrachten, und sie erhalten ihre Bedeutung nur aus diesem Moment heraus, für diese spezielle Person in genau dieser Situation. Es ist sehr wichtig, beim Tarot-Spiel der Versuchung zu widerstehen, nach und nach Bedeutungen für Symbole festzulegen. Denn, wie P. D. Ouspensky geschrieben hat ,,ein Symbol kann nur solange unsere Intuition stimulieren und Neues vorschlagen, solange es nicht festgelegt ist. Wirkliche Symbole sind ständig im Prozeß der Kreation, wenn sie aber eine bestimmte Bedeutung erhalten, werden sie zu Hieroglyphen, und letztendlich bloß auf ein Alphabet reduziert . . . " oder in den Worten C. G. Jungs ist ,,ein Symbol nur lebendig, wenn . . . es der beste und höchste Ausdruck ist von etwas, das man schon fühlen, aber noch nicht wissen kann." Wenn es wahr ist, daß Symbole in jeder neuen Situation eine neue Bedeutung erhalten, dann folgt daraus, daß die Botschaft des Tarot nur intuitiv im Hier und Jetzt empfangen werden kann, jeder spätere Versuch, ein Spiel zu rekonstruieren oder zu interpretieren, wird das Wesentliche ausklammern, weil die lebendige Situation fehlt, in der Bedeutung geboren wird.

Hier mag wieder ein Vergleich mit Träumen für das Verständnis hilfreich sein. Jeder von uns hat in seinem Leben wenigstens einmal einen Traum gehabt, dessen Unmittelbarkeit und Lebendigkeit die täglichen Erlebnisse bei weitem übertroffen hat. In solchen Träumen sind die Symbole so überladen mit mehrfachen Bedeutungen und doch so unmißverständlich und intensiv, daß keine spätere Interpretation dem Traum gerecht werden könnte. So ist es auch mit dem Tarot: Die besten Tarotspiele sind genau wie solche intensiven Träume, ihre emotionale Botschaft wird uns so sehr ,,unter die Haut" gehen und uns weit über unseren Verstand hinaustransformieren. Mancher wird die Erfahrung gemacht haben, sich plötzlich in einem Traum bewußt geworden zu sein, *daß* er träumt. Wer diese Dimension erfahren hat, wird sich auch erinnern, daß von solchen Momenten an Träumen ein

tiefer, kreativer Akt voll spielerischer, unbegrenzter Macht und Freiheit wird. So ist auch der Prozeß im Tarot: Die Erschaffung eines durchsichtigen Traumes, in dem wir uns erlauben, bei voller Bewußtheit zu träumen. Und wenn du dir bewußt bist, daß du träumst, steht es auch in deiner Macht, aufzuwachen . . .
Was ist nun der Sinn des Tarot-Spiels? Die meisten Autoren finden den Wert des Tarot abhängig davon, was man hinterher damit anfangen kann. Für uns ist es nur zum Teil wahr, denn wir meinen, daß Handlung vom Verständnis abhängig ist. Jede Aktion drückt Verständnis aus. Für uns liegt deshalb der Wert des Tarot darin, wie sehr es unser Bewußtsein im Moment weckt und in der Veränderung, die mit unserer Wahrnehmung geschieht, wie sehr es dich in diesem Moment transformiert und in dem Spaß, den es dir macht, über dich selbst Neues zu erfahren und deinem Leben eine andere Richtung zu geben.

Das Tarotspiel

Ein Tarotdeck besteht aus 78 Karten, wovon 40 den normalen Spielkarten entsprechen, das sogenannte ,,Kleine Arkanum". Sie sind in 4 Sorten geteilt (Schwerter, Stäbe, Kelche und Münzen), jeweils nummeriert von As bis zehn. Außerdem gibt es 16 Hofkarten — Bube, Ritter, Königin und König. Die 22 übrigen Karten sind Hauptkarten, die die ,,Große Arkana" genannt werden. Die weiße Karte, die eigentlich ursprünglich nicht zum Tarotspiel gehört, behalten wir bei.
Das Rider-Waite-Tarotdeck wurde das erste Mal in London im Jahre 1910 von ,,Rider and Company" veröffentlicht. Es wurde von Pamela Coleman Smith nach den Instruktionen von Arthur Edward Waite, einem Mitglied des ,,Golden Dawn" Ordens, entworfen.
Das Besondere des Waite-Tarotdeckes ist, daß es Illustrationen zu dem Kleinen Arkanum enthält. Die von Pamela Smith gestalteten Karten sind klar, einfach nachzuempfinden, und doch enthalten sie die Basiserfahrungen der Menschheit, was vielleicht der Grund ist, warum sie sich als das Standardtarotdeck in unserer Zeit etabliert haben.

Einführung in das Große Arkanum

Die Tradition erzählt, daß ein Mann im Gefängnis mit der Hilfe eines Tarotdecks alles erfahren kann, was er wissen muß, um zu fliehen oder — innerlich frei — dortzubleiben.
Was immer er wissen muß, trägt er bereits in sich, und die Symbole des Tarot sind nur Tore zu dieser inneren Quelle.
Die Karten des Großen Arkanums repräsentieren den Weg, den wir im menschlichen Leben gehen. Sie zeigen die 22 Grundenergien unseres Universums, sie führen auf den Weg zu Gott, zur Erleuchtung.
All unsere Erlebnisse, unsere Träume, alle möglichen Archetypen unserer Erfahrungen können in diesen 22 Karten gefunden werden. Sie sind ein unerschöpflicher Spiegel; je mehr wir in sie hineingehen, desto mehr können wir entdecken. Jedes Mal, wenn wir ihnen begegnen, sind sie wieder neu, erscheinen sie in einem anderen Licht.
In der Astrologie ist Venus eine Kraft der Natur, ein Wesen, dessen Körper der Planet ist und dessen Vibrationen das ganze Sonnensystem einschließlich uns selbst durchdringen. Venus ist nicht nur ein Symbol für Gefühle, sie ist der Körper dieser Liebesschwingung. Und wenn dem Planeten Venus etwas passiert, geschieht es gleichzeitig in dir selbst. Genauso ist es mit männlicher Kraft, Aggression, die in der Welt ausgedrückt wird. Es ist die Arbeit einer Energie, die größer ist als wir selbst, und ihr Körper ist der Planet Mars. Im Tarot wird Mars vom Herrscher und Venus von der Herrscherin repräsentiert. Die Tarotkarte ist aber nicht nur ein Bild dieser Energie, sie ist gleichzeitig der Schlüssel dazu. Sie ist der Weg zu dieser Vibration, eine Tür zu diesem Bewußtseinszustand. Die Hauptkarten sind nichts anderes als Tore zu den grundlegenden Energien des menschlichen Daseins, die größer sind als wir selbst. Jeder von uns ist aus diesen 22 Energien aufgebaut, ob sie nun aktualisiert werden oder nicht.
Wenn wir sie in ihrer zahlenmäßigen Reihenfolge anschauen, können wir versuchen, ihrer Geschichte zu folgen. Es scheint uns natürlich, sie in 3 Reihen zu 7 Karten auszulegen, vom Magier bis zur Welt; den Narren und die

weiße Karte stellen wir an die Spitze der ausgelegten Karten.
Die Geschichte, die wir in diesen Karten entdecken, ist *eine* Art der Interpretation, wobei viele andere möglich sind. Wir glauben nicht, daß ,,Wahrheit" nur in einer Form erscheinen kann. Wahrheit liegt in der Suche nach Wahrheit, sowie die Bedeutung des Lebens im Leben liegt.
Bei der Art und Weise, wie wir die Karten auslegen, ist klar zu sehen, daß es die Geschichte des Narren ist, der verschiedene Phasen in seinem Leben durchwandern muß, die alle auf die leere Leinwand projiziert werden, die bildlose Karte. Die weiße Karte symbolisiert das Nichts, die Leere. Am Anfang ist das Nichts, und dieses Nichts wird auf die Leinwand projiziert. Die Leinwand bleibt leer, so wie sie am Ende auch wieder leer sein wird. Aber jetzt beginnt der Film, ein Drama in drei Akten. In der ersten Reihe der sieben Karten sind die Figuren aufgereiht wie Hauptdarsteller in einer Galerie. Man lernt, wer wer ist, erfährt die Spielregeln und die grundlegenden Konditionierungen. Dies sind die Jahre der Persönlichkeitsbildung. Der ,,männliche", der ,,weibliche", der ,,materielle", der ,,spirituelle" Archetyp wird erforscht, und Kombinationen erfahren. Eine Serie von Widersprüchen, Polaritäten breitet sich aus: männlich — weiblich (Magier — Hohepriesterin), weiblich spirituell — weiblich materiell (Hohepriesterin — Herrscherin), weiblich materiell — männlich materiell (Herrscherin — Herrscher), männlich materiell — männlich spirituell (Herrscher — Hohepriester) . . .
Sie alle gehören in die gleiche Welt, sie schauen dem Betrachter direkt in die Augen, fordern Respekt und wollen ihrem Range entsprechend behandelt werden. Mit den ,,Liebenden" treten wir aus dieser Galerie heraus und treten in die Sonne und spüren, daß jetzt etwas Neues hinzugekommen ist. Der ,,Wagenlenker" kennt die Welt und ihre Gebräuche, er hatte auch einen Einblick in das Licht. Jetzt ist er bereit zu reisen, irgendwohin, in diese Welt oder eine andere . . . Die zweite Reihe zeigt viele Länder, die man besucht auf seiner Lebensreise, viele Täler und Berghöhen, die überquert werden müssen. Dies sind die Jahre der Veränderung. Man ist nicht länger beschäftigt mit den Idealen der Gesellschaft, mit äußeren Modellen. Nur die ,,Gerechtigkeit" schaut dir noch direkt in die Augen, all die anderen sind mehr mit sich selbst beschäftigt. Von jetzt an findet eine ständige Identitätskrise statt. Man fragt sich wieder und wieder , wer bin ich denn eigentlich, und es gibt viele verschiedene Ebenen von Antworten: Ich bin mein Körper (Stärke), ich bin meine Bewußtheit (Einsiedler), ich habe meine feste Iden-

tität (Rad des Lebens), ich bin meine Disziplin (Gerechtigkeit), ich bin ein Schüler (Der Hängende), ich bin der (Tod), . . . und wir fahren fort, eine Schale nach der anderen von der Zwiebel abzuziehen. Die Widersprüche sind in dieser Zeit sehr stark, die Polaritäten weit entgegengesetzt, Körper und Geist (Stärke und Einsiedler), Meditation und Irrsinn (Einsiedler und Rad des Lebens), Wechsel und Stabilität (Rad des Lebens und Gerechtigkeit), Disziplin und Sich-gehen-lassen (Gerechtigkeit und der Hängende). In der Karte „Mäßigkeit" fühlt man sich gereinigt, kristallisiert, bereit, zum anderen Ufer zu fliegen. Aber es gibt kein anderes Ufer, keine andere Welt. Dies hier ist alles, was es gibt. Die dritte Reihe beginnt mit dem Teufel und endet mit dem Tanz der Welt.Es ist die letzte Reise von der Dunkelheit zum Licht. Für die Mehrheit von uns ist dies ein noch unerforschtes Territorium, die sogenannten höheren Stadien des Bewußtseins. Wenn man dem Teufel erst einmal gegenübergestanden hat und einem die letzten Schichten der Verkleidung genommen worden sind, ist das, was noch übrig ist, etwas, das über unseren Verstand hinausgeht. All die menschlichen Körper nach dem Turm sind nackt, glücklich und voll von Licht. Am Ende ist nur noch der Tanz übrig. Wir haben einen vollständigen Kreis durchwandert. Wenn wir die Zwiebel ganz geschält haben, ist nur noch Leere in unserer Hand. Der Film ist zu Ende, die Leinwand ist wieder in ihrem ursprünglichen Zustand, rein und weiß . . .

0. Der Narr

Es gibt viele Bedeutungen für den Narren. Er trägt die Nummer Null. Er ist Gott, der mit sich selbst spielt; Gott, der entscheidet, Versteck mit sich selbst zu spielen und der gelangweilt ist von der Reinheit der leeren Leinwand, der sich nach etwas Spaß sehnt und ins Kino gehen will. Und genauso wie du im Film keine Freunde haben kannst, solange du dich nicht mit der Geschichte identifizierst, wie du beim Versteckspielen keinen Spaß haben kannst, wenn der andere nicht wirklich verborgen ist , könnte Gott keinen Spaß haben, wenn er sich erinnern würde, daß er Gott ist. Da entschied er einfach, sich selbst zu vergessen und spielerisch einen Schritt in den Abgrund zu machen. Er fiel herunter, von oben nach unten — und so beginnt die ganze Geschichte.

Aber die schneebedeckten Berge und das reine weiße Licht der Sonne sind so schön, daß er wieder und wieder danach suchen wird, bewußt oder unbewußt, den ganzen Weg dieser Reise durchs Menschenleben.

Der Narr wandert glücklich in das Unbekannte, vertrauensvoll und ohne Anstrengung. Seine Kleidung und sein Schmuck sind elegant und leicht, wie die von einem Tänzer. Genauso leicht erscheint das Bündel, das er am Stock über seiner Schulter trägt, in dem er alles trägt, was er braucht. Seine Haltung drückt Glück und absolutes Selbstvertrauen aus.

Weiß sticht als die bedeutendste Farbe in dieser Karte heraus: Die Sonne ist weiß, die Rose ist Weiß, die er als Symbol seiner Unschuld und Reinheit in seiner Hand hält. Und der Hund ist weiß, der ihn grüßt oder ihm gerade ade sagt . . .

Weiß steht zur Erinnerung für die leere Reinheit der Leinwand und als Hinweis auf das Potential, das vor ihm liegt; weiß ist ein Symbol für Leere und Offenheit, aber zur gleichen Zeit auch für Fülle, denn wenn weiß zerlegt wird, enthüllt es die sieben Grundfarben, aus denen die Schöpfung gemacht ist. Der Narr ist im Einklang mit seiner Tiernatur, er fühlt sich in der Schönheit zu Hause, in Waites eigenen Worten ist er der ,,Prinz einer anderen Welt auf der Reise durch diese''. Der Narr ist der Zuschauer, der Träumer, der Zeuge in diesem ganzen Film. Als solcher ist er in *jeder* Karte verborgen. Das *ganze* Spiel ist Gottes Spiel. In der Tat ist „Der Narr" die einzige der Hauptkarten, die in den gewöhnlichen Spielkarten übriggeblieben ist. Er hat dort den Namen „Joker" und kann anstelle jeder anderen Karte benutzt werden. Er ist der Anfang, die Mitte und das Ende, er ist drei in einem:

1. Er ist der naive, gewöhnliche Mensch, er steht repräsentativ für die ganze Menschheit. Er kann jeden Moment sterben und ist sich dessen nicht einmal bewußt. Er hat keine Ahnung, wo er hingeht, wo er seinen Fuß hinsetzt. Er hat kein tieferes Verständnis seines Lebens, so wie es wirklich ist.
2. Er ist der Eingeweihte, der verrückte Schüler, auf seinem wunderbaren Weg, der auch nicht weiß, wohin er geht, der aber bereit ist, sein Leben zu riskieren, um seiner Leidenschaft nach dem Unmöglichen zu folgen.
3. Er ist das erleuchtete Wesen, das in den Augen der Welt dumm aussieht, er erlebt jeden Moment neu und lebt ihn frei, wie er kommt. Er ist die Nummer Null, als Individuum hat er keine Existenz, er ist aufgegangen im Ganzen. Er ist der letzte Schritt, der letzte Sprung, von unten nach oben. In Eliphas Lévis Tradition und in Waites eigenem Arrangement der Karten ist der Narr zwischen der Auferstehung, der Karte des Erwachens, und der Welt, der Karte der Erleuchtung, eingereiht. Er hat keine Vergangenheit und keine Zukunft. Er ist völlig frei zu spielen, weil er kein Ziel hat, wohin er gehen muß, das Kommen und Gehen hat aufgehört.

Er ist Castaneda und Don Juan.

Bedeutung

— Naivität, Unschuld, Reinheit, Vertrauen
— Leichtigkeit des Herzens, Heiterkeit, Glück, Selbstironie, das kosmische Gelächter
— Geborgensein im Göttlichen
— Risikobereitschaft

Verpasse die Gelegenheit nicht, ins Unbekannte zu gehen; darüber nachdenken kannst du später. Geh leichten Herzens und hänge nicht am Vergangenen. Die Zukunft ist uns allen verborgen, warum sich also Sorgen

machen. Vertraue der Existenz — du bist auf dem richtigen Weg, auch wenn du in den Abgrund fallen kannst.
Als Narr bist du glücklich — du nimmst dich selbst nicht ernst und kannst über alles lachen, am meisten über dich selbst und deine ,,Probleme". Du erkennst, daß das Leben ein Spiel ist.

I. Der Magier

Der Narr beginnt seine Reise, die Null wird zur Eins. Wenn der Narr das Kind in der Gebärmutter ist, ist der Magier das neugeborene Kind. Von „ich bin nicht" sind wir zu „ich bin" gekommen. Erst gab es die leere Leinwand, dann den Narren, den schelmischen Kobold, der mit sich selbst verstecken spielen wollte, und jetzt sind wir beim Projektor angelangt, der bereit ist, sich in den Filmbildern zu verlieren.

„Wie oben, so unten" sagt seine Geste, die unterstrichen wird von den Blumen über und unter ihm. Er ist ein Kanal, die Tür zwischen dieser und der anderen Welt. Er hält den magischen Stab in seiner Hand, das geheime Symbol für Einheit, Kreativität und Macht. Sein Wille ist Gottes Wille, der sich manifestiert hat.

Das Unendlichkeitssymbol über seinem Kopf und die sich in den Schwanz beißende Schlange seines Gürtels erinnern uns daran, daß die Zeit und ihre Zyklen aus der Gebärmutter, der Ewigkeit, geboren sind. Der Magier ist sich intuitiv bewußt, daß er und sein Vater eins sind. In seiner Robe deutet die weiße Reinheit auf zeitlose Bewußtheit, in seinem Umhang die rote Farbe auf die Leidenschaftlichkeit menschlicher Wünsche hin. Rote Rosen und weiße Lilien wachsen unter dem Tisch zu seinen Füßen.

Er hat den Beutel des Narren geöffnet und den Inhalt vor sich auf dem Tisch ausgebreitet: den Stab, den Kelch, das Schwert und das Pentakel, Symbole für Feuer, Wasser, Luft und Erde. Sie stehen für Seele, Herz, Verstand und Körper, sie sind die vier Hauptrichtungen, die vier Jahreszeiten, die vier Stadien menschlichen Bewußtseins, nämlich Schlaf, Traum, Erwachen und Transzendenz. Und er freut sich, seine Reise anzutreten.

Bedeutung

— Wille, Aktivität
— männliche Energie, Kreativität, Tatendrang

— Intuitives Wissen um die Gesetze (Geheimnisse) des Lebens, des Universums
— Bewußtheit über die Mittel, die du als Mensch in die Hände bekommen hast
— Selbstverantwortlichkeit
— Selbstverwirklichung

Du stehst auf deinen eigenen Füßen; du weißt, daß du für deine Situation, in der du dich gerade befindest, selbst verantwortlich bist. Und du hast die Kraft, sie im Moment zu ändern, wenn du willst. Du bist nicht abhängig von den Erwartungen der anderen. Du bist dein eigener Herr und brauchst niemanden, der dir hilft, deine täglichen Probleme zu lösen. Du weißt, daß du selbst für dich bestimmen kannst. Du hast alles in der Hand.

II. Die Hohepriesterin

Der Magier ist ganz erfüllt von sich selbst, er weiß nicht, daß es den anderen gibt, daß es Grenzen oder Hindernisse geben kann. Und jetzt trifft er auf die Hohepriesterin, das erste „Nicht-ich“, die erste „andere“, die reine weibliche Kraft. Plötzlich erkennt er, daß er nur eine Seite des Menschlichen ist. Er erfährt diese für ihn erniedrigende Wahrheit, während die Priesterin ihn mit ihrer machtvollen Ruhe umgibt und mit ihrem unverwandten Blick betrachtet. Sie sitzt zwischen den beiden Säulen, die die Buchstaben B und J tragen, die Säulen, die für die Welt der Dualität stehen, und sie fordert ihn heraus, diese Welt zu betreten, wo Ich und Du existieren, Tag und Nacht, gut und schlecht, weiblich und männlich, rechts und links, Leben und Tod. In diesem Sinne lädt sie ihn ein, sich auf das Kreuz von Raum und Zeit nageln zu lassen, das sie auf ihrem Herzen trägt, in das große Theater des Lebens einzutreten und sich ganz auf den Film des Lebens einzulassen.
Der Magier ist Sonne und Feuer, der Projektor, die Hohepriesterin ist Mond und Wasser, das erste Bild, das auf die Leinwand geworfen wird. Zu ihren Füßen liegt die Mondsichel, von ihrer blauschimmernden Robe fließt das Wasser des Lebens. Ihre Augen sind trotz des kühlen, jungfräulichen Kleides ganz groß, weiblich und vielversprechend, ihr Mund ist leicht geöffnet. Sie ruft dich und zieht dich näher zu sich hin.
„Ich bin all das Wasser der Erde, das von der Sonne aufgesogen werden möchte.“ (Gardner)
Sie ist das unerschöpfliche Potential, angedeutet durch die gebärmutterähnlichen Granatäpfel auf dem Vorhang hinter ihrem Stuhl, und hinter diesem ist nichts als Wasser. Sie selbst ist nur eine Form, ein erstes auf die Leinwand projiziertes Bild. Um alle anderen Projektionen hervorzubringen, um den Film richtig anlaufen zu lassen, muß der Magier durch den Vorhang hindurchgehen, ihre Gebärmutter muß befruchtet werden.
Auf ihrem Schoß hält sie eine alte Rolle der Tora, dem Gesetz, das halb von ihrem Mantel verdeckt ist, um zu zeigen, daß das Gesetz nicht offensichtlich, sondern geheim ist. Sie ist Spiritualität und Weisheit. Sie ist die Ani-

ma, der weibliche und geheimnisvolle Teil des Verstandes, denn sie ist diejenige, die die Gesetze der göttlichen Schöpfungsordnung kennt.

Bedeutung

— weibliche Energie
— Klarheit und Kühle, Ernsthaftigkeit
— heilende Kraft, Spiritualität
— Intuition, Weisheit
— asketisches, reines Leben
— innere Sicherheit und Ruhe
— Friede

Du brauchst keine Gründe und keine Erklärungen für die Entscheidungen, die du triffst, sondern du folgst deiner inneren Stimme, deiner Intuition. Du hast heilende Kräfte in dir, die du als Geschenk erhalten hast.
Ziehe dich so oft du kannst von täglichen Aktivitäten zurück und meditiere, nimm dir Zeit, nach innen zu lauschen. Sei empfänglich, offen und klar. Achte darauf, daß du dich nicht selbst auf einen Thron setzt, und die Kühle und Klarheit deiner Gefühle mit Kälte anderen gegenüber verwechselst.

III. Die Herrscherin

Die Herrscherin ist das Ergebnis der Begegnung von Hohepriesterin und Magier; sie ist die Hohepriesterin, die jetzt schwanger ist. Sie hält ihr Zepter mit viel Kraft, als müßte sie ihre Überlegenheit und Kraft betonen. Sie ist die Wiedervereinigung der Gegensätze, in der aber die weiblichen Charakteristika überwiegen. Das perfekte Weibliche nimmt die männliche Stärke in sich auf, das Weibliche ist stärker als das Männliche.

Das Wasser des Lebens, das von der ätherischen Robe der Hohepriesterin fließt, strömt jetzt frei durch den Garten der Herrscherin und bringt den Bäumen und Büschen und dem reifen Kornfeld zu ihren Füßen Nahrung. Ihr Körper ist in voller Blüte und völlig entspannt. Unter ihren bequemen Kissen leuchtet ein Herz hervor, auf dem das astrologische Zeichen der Venus zu finden ist. Auf ihrer Krone sind zwölf Sterne, die die zwölf Sternzeichen des Zodiaks repräsentieren, die Matrix aller Kreation in unserem Sonnensystem, die Gebärmutter unserer Erde.

Die Herrscherin ist die Schöpfung, das göttliche Leben, sie repräsentiert das manifest gewordene Universum. Sie ist mächtig, weiblich und fruchtbar. Sie ist der Archetyp der Erde und der Mutter — die Mutter Natur. Alle alten Religionen basieren auf der Anbetung der Natur als göttlicher Mutter.

Im Magier und der Hohepriesterin ist die Stärke potentiell vorhanden, formlos, noch nicht hierarchisch. Mit der Karte der Herrscherin wird die Hierarchie eingeführt, sie regiert und ist größer und mächtiger als andere. Mit Macht und Hierarchie entsteht Persönlichkeit. Von jetzt ab wird das Prinzip der Narren in besonderen Persönlichkeiten inkarniert: die Herrscherin ist die Mutter, der Herrscher der Vater, der Hierophant der Priester. Der Magier wußte noch tief drinnen, wo sein Ursprung war; von der Herrscherin an ist das Bewußtsein darüber verloren gegangen, daß der Film nur ein Film ist.

Bedeutung

— innerer und äußerer Reichtum, Fülle
— weibliche Macht, mütterliche Autorität
— Fruchtbarkeit, mütterliche Weiblichkeit, Wärme
— Reife, Entspanntheit
— Verbundenheit mit der Natur, Mutter Erde
— Begegnung von Himmel und Erde
— Erfüllung

Entdecke die weibliche, mütterliche Seite in dir und die Freude, für andere zu sorgen. Du kannst dich und andere akzeptieren und brauchst keine Hyperaktivität zeigen. Setze dich bequem hin und lasse die Dinge geschehen. Du brauchst um nichts zu kämpfen; alles, was du brauchst, ist da. Du spürst Kraft in dir und brauchst sie nicht zur Schau zu stellen. Du hältst das Zepter in der Hand und gebrauchst es, wenn es dir richtig erscheint.

IV. Der Herrscher

Der Herrscher sitzt steif auf einem kahlen Steinthron. Sein Blick ist stark, aber auch angespannt und besorgt. Die kargen Berge und der rote Himmel hinter ihm symbolisieren den Planeten Mars, den Kriegsgott. In beiden Händen hält er Symbole der Macht. Vier Widderköpfe schmücken als Symbol für das Tierkreiszeichen Widder seinen viereckigen Thron.

Der Kaiser ist trockene, weltliche Macht, Autorität, Willenskraft. Er ist der Führer, der Ehemann, der Politiker, der Chef.

Wenn die Herrscherin den Körper symbolisiert, dann steht der Herrscher für den Intellekt, den Verstand. Seine Macht ist die Macht der Gedanken. Und er denkt viel über die Vergangenheit und die Zukunft nach, wie man an seiner gerunzelten Stirn sehen kann. Verglichen mit der Herrscherin ist seine Macht viel rauher und gewalttätiger. Er sieht so aus, als wolle er betonen, er sei der Herr im Hause, aber es ist zu spät, denn die Herrscherin ist bereits vor ihm da.

Die Herrscherin und die Hohepriesterin kommen vor dem Herrscher, genau wie in unserer Erfahrung im Leben die Mutter vor dem Vater kommt.

Die feste Form in dieser Karte IV versucht sich über göttliches Leben, über die reine Energie der Herrscherin zu setzen. Energie nimmt Form an, und die Form beansprucht die Vorherrschaft über die Energie.

„Ich bin das Große Gesetz“, sagt der Herrscher.

„Ich bin der Name Gottes. Die vier Buchstaben seines Namens sind in mir, und ich bin in allen.“

„Ich bin die vier Prinzipien. Ich bin in den vier Elementen. Ich bin in den vier Jahreszeiten. Ich bin in den vier Himmelsrichtungen. Ich bin in den vier Zeichen des Tarot.“

„Ich bin der Anfang; ich bin Handlung; ich bin Vollendung; ich bin das Resultat.“

„Für den, der mich kennt, gibt es keine Geheimnisse auf der Erde.“

„Ich bin das Große Pentakel.“ (Ouspensky)

Astrologischer Bezug

Mit dem Herrscher beginnt der Zodiakzyklus, wobei der Herrscher für das Tierkreiszeichen Widder steht.

Bedeutung

— Ernst, Festhalten-Wollen, Geiz, Stolz
— Ordnung, Gesetz
— Senilität, Unbeweglichkeit
— Kargheit, von der Lebensenergie abgeschnitten sein
— Wissen um die Weltgesetze

Du hast dich in der materiellen Welt niedergelassen, du hast dein ganzes Leben bereits geordnet — es verläuft nach deinem Plan. Du hast eine Lebensversicherung abgeschlossen und dein Geld gut angelegt — und du fühlst, daß die Zeit kommt, in der alles vorbei sein wird. Du hast deinen Ursprung vergessen und hast jetzt Angst, zu ihm zurückzukehren. Du tötest deine Gefühle und dein inneres Wissen ab. Du leidest an Verstopfung. Laß los und erinnere dich daran, daß es Größeres gibt als dich selbst. Wir können uns verirren, aber der Weg ist immer da für uns.

V. Der Hierophant

Der Hohepriester repräsentiert spirituelle Macht, es ist keine Gewalttätigkeit in ihm wie beim Herrscher. Sein Blick ist sanft und unbeteiligt. Seine Macht ist nicht die des Schwertes, sondern die des Kreuzes.

In der Karte des Herrschers war der Thron beherrschend, beim Hohepriester ist er unwichtig geworden, die hervorstechenden Merkmale sind jetzt die Säulen. Sie sind Symbol für eine Institution, für die Kirche. Er regiert nicht wie der Herrscher durch persönliche Macht, sondern durch die Macht des Glaubens, den er repräsentiert.

Er beschließt die Phase der sozialen Konditionierung. Nach der Mutter und dem Vater kommt der Priester, der Erziehung, Zivilisation, Moral und die Idee von Gut und Böse verkörpert. Er ist ein Heiliger, aber nur, weil er andere zu Sündern macht.

Wenn wir zurückschauen zum Ausgangspunkt, zum Narren, der ein sich frei bewegender und frei atmender Mensch ist, der sich in der Weite der Natur aufhält, so sind wir jetzt beim eher Statischen angelangt. Die Krone des Hohepriesters ist größer als die der Hohepriesterin und anderer Könige, seine Gewänder sind schwerer und pompöser, seine Haltung angespannter. Es gibt keine Bewegung, keinen Wind, keine Wasser, keinen Himmel auf dieser Karte.

Mit seinen ausgestreckten Armen hat der Magier oben und unten, Himmel und Erde verbunden. Die Geste des Hohepriesters trennt beides und unterscheidet es. Die roten Rosen und weißen Lilien, die so frisch vor dem Magier erblühen, sind reduziert auf die Stickerei auf den Roben der beiden Mönche, die vor ihm knien.

Auf einer anderen Ebene aber ist er der Meister, der die Geheimnisse aussprechen kann, wie sein Name andeutet. Er ist die Brücke, eine Einladung ins Unbekannte, ein Fingerzeig auf die Wahrheit.

Der Hohepriester kann im Zodiak dem Tierkreiszeichen Stier zugeordnet werden.

Bedeutung

— Religion und religiöse Zeremonien, z. B. Heirat
— spiritueller Führer, Einweihung
— Hierarchie
— Suche nach dem Schlüssel, nach der Lehre
— Moral

Wer bist du in dieser Karte? Wenn du dich als einen der Mönche siehst, dann sehnst du dich nach einem Lehrer, der mehr weiß als du. Du möchtest Antworten auf deine Fragen bekommen, du möchtest, daß dir jemand zuhört und dir Weisung geben kann. Du bist bereit, dir Hilfe zu holen. Du willst neue Einblicke, Sichtweisen gewinnen und andere Dimensionen kennenlernen. Du sehnst dich nach dem Höheren, nach Gott, nach Glauben, nach Religion. Wenn du dich als der Priester siehst, bist du fähig, andere Menschen auf ihrem Weg anzuleiten, z. B. als Priester, Lehrer oder Therapeut.

VI. Die Liebenden

Mann und Frau, Adam und Eva, ganz und gar nackt, stehen sich gegenüber. Über ihnen scheint strahlend die Sonne, ein Engel auf einer weißen Wolke schenkt ihnen seinen Segen. Hinter Eva steht der Baum der Erkenntnis und hinter Adam der Baum des Lebens. Zwischen ihnen leuchtet eine Bergspitze am Horizont. Adam betrachtet Eva, die selbst zum Engel emporschaut.

Der Hohepriester hat den Schlüssel, aber die Liebenden haben bereits die Tür geöffnet, ohne zu wissen, wie. Sie haben einen Moment lang das Göttliche erkannt. Es ist eine plötziche Erleuchtung: Die Masken, die Kronen und die Kleider der Hauptkarten fallen weg, und wir befinden uns draußen in der Natur, können wieder frei atmen und den Himmel genießen.

Die Liebenden sind das erste Überwinden der Dualität auf dem Weg, den der Narr geht, die erste Vereinigung, das erste Verschmelzen; seit die Hohepriesterin dem Magier gegenüberstand, war Dualität der Name des Spiels. Magier — Hohepriesterin, Hohepriesterin — Herrscherin, Herrscherin — Herrscher, es gab keine Begegnung, jeder blieb in seinen klar definierten Grenzen. In der Karte des Hohepriesters erscheinen zum ersten Mal andere Menschen, doch ist es eine hierarchische Beziehung. Bei den Liebenden findet die Begegnung auf gleicher Ebene statt. In dieser direkten Konfrontation der Dualität Mann — Frau scheint ein erstes Erkennen einer höheren Einheit und Göttlichkeit möglich, angedeutet durch den Engel. Liebe ist die erste Erfahrung, die die Trennung vom göttlichen Ursprung aufhebt.

Und ohne den anderen ist keine Göttlichkeit, keine Einheit, keine Erleuchtung, kein Gipfelerlebnis möglich. Adam kann nicht direkt in die Augen des Engel schauen, er kann seine göttliche Natur nicht ohne Umweg erkennen, er kann sie nur in den Augen von Eva reflektiert sehen.

Aber gerade im Moment dieser ersten Liebeserfahrung kommt die Schlange vom Baum der Erkenntnis herunter und verführt Eva in das Verbotene und bereitet damit den Weg für den Teufel und den Fall aus dem Paradies.

Astrologisch gesehen ist die Karte der Liebenden eine schöne Repräsentation für das Tierkreiszeichen Zwillinge.

Bedeutung

— Liebe
— Liebe ist der Weg zum Göttlichen
— Einheit, Harmonie
— Transformation
— geben aus dem Überfluß heraus

Ja, das ist es! Geh in die Versuchung hinein, iß den Apfel, den Eva dir anbietet. Liebe heilt, Liebe ist die einzige Kraft, die alle alten Wunden schließt. Verliebe dich bis über beide Ohren, und du merkst, wie sich alles um dich herum ändert, die Farben in der Natur, die Menschen um dich herum, und auf einmal fühlst du dich voll, erfüllt und angenommen. Du entdeckst den anderen und vergißt sogar, dich um dich selbst zu kümmern. Traue deinem Gefühl, wenn du verliebt bist, und zerstöre es nicht nur deine Zweifel. Lasse deinen Verstand beiseite und lasse dich von der Liebe tragen. Wenn du liebst, entsteht ein „Ja“ in dir zu allem.

VII. Der Wagen

Nach dem plötzlichen Licht, dem fröhlichen Aufbruch der Liebenden, kommt die Gier, anzukommen, das Ziel zu erreichen. Der Wagenlenker ist der Prinz des Herrschers, er soll ein Mann sein — und der Traumsohn der Herrscherin und des Priesters perfekter Schüler. Er ist jung, vorwärts strebend und zutiefst ehrgeizig.

Zwei Sphinxe sitzen zu seinen Füßen, eine schwarze und eine weiße, eine ruhig schauende und eine traurige. Zwei Masken zieren die Schultern des Wagenlenkers, eine leidend, eine lächelnd. Der Wagenlenker repräsentiert die Suche nach Einheit, er muß unter allen Umständen zu diesem Ziel gelangen.

Er hat alles, was es über die Welt zu erfahren gibt, herausgefunden, er kann sich in Gesellschaft bewegen, er ist voll ausgerüstet. Er hat Persönlichkeit und Macht, Religion und Liebe, und er schreitet auf den zweiten Teil der Geschichte zu, der zweiten Serie von sieben Karten. Er ist bereit, eine andere Welt zu entdecken und nach innen zu gehen. Er geht durch das Wasser zum anderen Ufer, aber er bleibt dabei sicher und trocken.

Er ist glattrasiert, seine Handschuhe sind makellos und gestärkt. Über all das hinaus ist er das Produkt aller Gebote und Verbote der vorhergehenden Karten. Die Stimmen der Älteren laufen jetzt wie auf einem Tonband in ihm ab. Er repräsentiert die volle Entwicklung der Persönlichkeit, die Anstrengung, sich selbst zu bestätigen, sich selbst eine Position in der Gesellschaft zu schaffen, all die Rollen zu lernen, die in dem großen Theater des Lebens gespielt werden.

Er ist das kristallisierte Selbst, er fühlt sich als das Zentrum des ganzen Universums, der riesige Sternenhimmel ist zum Baldachin über seinem Kopf geworden. Er ist ganz und gar Verstand. Es sieht so aus, als ob der untere Teil seines Körpers durch Maschinerie ersetzt ist. Er hat seine Sexualität unterdrückt und sublimiert. Alles, was von den Liebenden übrig geblieben ist, sind der ,,Shivalingam'', das tantrische Symbol für sexuelle Vereinigung, und die Engelsflügel darüber. Dies ist die Karte für Kultur, Technologie

und Zivilisation.
Der Wagenlenker ist verstandesorientiert. Beginnt er, sich für Meditation zu interessieren, so wird er nach Techniken fragen, nach Yogapositionen, „Asanas". Er möchte wissen, wie man Meditation *macht*. Meditation als Nichtstun, als ein Geschehen, macht für ihn noch keinen Sinn. Aber ob er es weiß oder nicht, er ist auf der Suche nach Gott, nach dem Höheren, Gott als Sex, Geld, Meditation, oder was auch immer. Es ist sein unbewußter Versuch, dem Tal zu entfliehen, in das er als Narr hineingefallen ist. Sein Wille kommt nicht aus ihm selbst heraus, er ist eine Reaktion auf die Angst, die er in seiner realen Situation erfährt.
Der Wagenlenker ist dem Tierkreiszeichen Krebs zuzuordnen.

Bedeutung

— eine bestimmte Richtung, einen Weg finden
— Totalität
— Sieg, Klarheit
— Balance zwischen den Extremen
— jugendlicher Übermut
— frische, neue Kraft

Eine Kraft treibt dich, dein Heim, deinen Beruf, deine Wohnung zu verlassen. Und du steckst voller Energie und Neugier. Du willst die Welt draußen erforschen und entdecken. Du weißt, was du willst, und du setzt es in die Tat um. Der Kampf, das Hin- und Herüberlegen sind vorbei. Nichts hält dich mehr zurück, du bist selbstsicher und möchtest vorwärts gehen. Deine Fahrt ist schnell, und deine Aufgabe ist es, die zwei Extreme in dir in einer Richtung zu halten. Wenn du dir einen Rennwagen kaufst, mußt du ihn auch fahren können! Du solltest aufpassen, daß dein Wille deine Gefühle und deine Tiernatur nicht abtötet.

VIII. Kraft

Eine Frau spielt mit einem Löwen, ihr Kopf und ihre Taille sind mit Blumen geschmückt, und sie trägt eine reine weiße Robe. Sie ist völlig zufrieden und ganz und gar absorbiert in ihr Spiel. Über ihrem Kopf erscheint das Symbol für Unendlichkeit.

Der Löwe ist spielerisch hingegeben, sein Schwanz hängt zwischen seinen Beinen, und doch sieht er nicht ängstlich aus. Seine Tatzen stehen fest auf der Erde. Im Hintergrund erinnert der Berg uns wieder an die Höhen unseres Bewußtseins.

Die Kraft ist weiblich, liebevoll und akzeptierend. Wenn der Wagenlenker auf dem Weg des Yoga ist, dem Weg des Willens, dann ist die Kraft auf dem des Tantra, dem Weg der Hingabe. Es ist der weibliche Weg, der dem männlichen gegenübersteht. Das Land, die Natur stehen der Stadt, der Kultur, das Fallenlassen dem Willen, das Sanfte und Gebende dem harten und Festhaltenden gegenüber. Die Stärke ist das Bild der Macht der Erde.

Der junge, etwas angespannte Wagenlenker läuft in eine liebevolle Umarmung, er wird ein glückliches Tier, seine Zunge hängt heraus. Er öffnet das Maul und läßt die Luft in sich hineinströmen. Unter sanfter weiblicher Führung erlebt er sich selbst als Löwe und fängt an zu brüllen. Er entdeckt erdverbundene Natur. Im Wagenlenker hat er die Erde überhaupt nicht berührt, hier spürt er durch seine Tatzen eine starke Verbindung zur Erde. In der Karte der Liebenden war Körper da, aber er gehörte zum Engel, zum Himmel. In der Stärke als Löwe gehört er der Erde. Bei den Liebenden war der andere da, der Engel und der Berggipfel. In der Stärke bleibt nur noch der Gipfel. Die Augen sind geschlossen, sie schauen nach innen. Die Stärke ist ein zweiter Anfang, die erste Karte der zweiten Reihe. Das Unendlichkeitssymbol erscheint über ihrem Kopf, wie beim Magier. Der Magier beginnt, die Realität seines Körpers kennenzulernen. Das Rote und Weiße seiner Robe trennt sich und wird Körper und Geist, wird zum Löwen und zur Frau. Ein liebevoller Geist in einem lieblichen Körper. Die Blumen sind jetzt um die Taille geschlungen, Körper und Seele werden auf eine liebevol-

le, harmonische Weise in Einklang gebracht. Dr. Jekyl und Mr. Hyde schließen Frieden.
Mit der Karte ,,Kraft" sind wir beim zweiten Teil der Reise des Narren angelangt. Von jetzt an schreiten wir auf schwankendem Boden, die Dinge sind nicht mehr so einfach und klar wie im ersten Teil der Reise. Während wir durch die Jahre der Transformation und der Krisen gehen, dringen die Symbole tiefer in unser Unbewußtes ein, alles wird unbekannter, mysteriöser und weniger vertraut. Es ist jetzt mehr Offenheit, Mut und Vertrauen nötig, um die Symbole zu uns sprechen zu lassen, damit sie uns ihr Geheimnis enthüllen.
Astrologisch steht die Karte ,,Kraft" für das Tierkreiszeichen Löwe.

Bedeutung

— Körper und Seele in Harmonie
— sanfte, geduldige, unermüdliche Stärke
— Triebkräfte
— Sinnlichkeit
— Freude, Hingabe

Akzeptiere und liebe deinen Körper mit all seinen Bedürfnissen, natürlichen Energien und Triebkräften. Du spürst eine natürliche Kraft und Stärke in dir aufsteigen, wenn du deinen Körper annimmst, dich um ihn kümmerst, ihn gut versorgst, ihn nicht einzwängst und unterdrückst. Es gibt viele Möglichkeiten, deinen Körper zu entdecken, ihn in seiner Vielfalt kennenzulernen. Bringe deine Bioenergie zum Fließen, lasse dich von deinem Atem tragen und durch Berührung von deinen alten Wunden heilen. Genieße deine Kraft und Schönheit.

IX. Der Eremit

Ein karges, friedvolles Bild liegt vor uns. Es zeigt einen alten Mann, der mit einer Hand eine Lampe trägt, in welcher ein Stern leuchtet. Mit der anderen Hand stützt er sich auf einen goldenen Stab. Seine lange Robe ist grau, die Farbe der Asche. Sein Ausdruck ist friedvoll, sein Rücken gebeugt als Zeichen vergangener Arbeit und Anstrengung. Er steht ganz allein auf dem Gipfel.

In der Karte „Kraft" wird der Körper akzeptiert, geliebt, ist er entspannt. Die weißbekleidete Frau hat ihre Augen geschlossen, den Körper verlassen und findet sich als Einsiedler wieder, weit weg, hoch auf dem Gipfel, auf den Bergspitzen des Narren und der Liebenden, aber ganz allein. Für den Moment ist der Körper transzendiert.

Während die Frau in der Karte „Kraft" ihren Körper kennen- und liebengelernt hat, entdeckt der Einsiedler seine Seele und findet ein Licht in sich. Es ist das erste Mal, daß er Licht direkt sieht. Als Adam auf der Karte der Liebenden konnte er das Licht nur in Evas Augen reflektiert sehen.

Wenn der Wagenlenker den Weg des Yoga, des Willens, gegangen ist, und die Frau in der Karte „Kraft" den Weg des Tantra, der Hingabe, dann geht der Einsiedler den reinsten der Wege, den Weg der Bewußtheit. „Sei dir selbst ein Licht" war Buddhas letzte Botschaft. Und das Gesicht des Einsiedlers zeigt Entspanntheit und Schönheit.

Und doch bleibt rundherum Dunkelheit; der Stern, den er gefunden hat, bleibt in der Laterne. Er hat das Licht gefunden, aber den Preis, den er bezahlen muß, um es zu entdecken, ist, die Augen zu schließen.

Er hat den Schöpfer gefunden, aber die Schöpfung ist dabei verlorengegangen. Und er braucht eine Methode, um zum Gipfel zu kommen; ohne seinen langen Stab würde er vielleicht fallen.

Der Einsiedler steht astrologisch für das Tierkreiszeichen Jungfrau.

Bedeutung

— der Weg nach innen
— Suche nach dem eigenen Licht
— Abkehr von Äußerlichkeiten
— Einsamkeit
— Meditation
— Anstrengung, intensive Suche
— ,,wer bin ich"

Es ist an der Zeit, dich von allen Zerstreuungen zurückzuziehen und allein zu sein. Du möchtest dein inneres Licht, den Schatz in dir entdecken, und du bist im Moment nicht an Äußerlichkeiten, Reichtum, Erfolg und sozialem Leben interessiert. Du gehst ausdauernd, Schritt für Schritt, auf deinem Weg, immer wieder nach innen lauschend, mit deinem eigenen kleinen Licht, das dir nur wenige Schritte weit leuchtet. Du weißt, daß dir jetzt niemand Antwort geben kann, du möchtest, daß der Weg sich aus dir selbst heraus entwickelt. Du willst nicht mehr vor dir selbst, vor dem Alleinsein, wegrennen. Egal, wohin du gehst, in das Getümmel des Marktplatzes oder in die Gebirge des Himalayas, du nimmst dich selbst und deine Probleme immer mit dir mit.

X. Rad des Schicksals

Auf unserer Reise ist das die erste Karte, auf der keine Menschen zu sehen sind. Anstelle einer zentralen menschlichen Figur befindet sich in der Mitte ein Rad. Und um es herum eine Vielzahl unterschiedlicher Symbole aus der ägyptischen, hebräischen und christlichen Tradition. Das ganze Arrangement dient dazu, die Idee von Stabilität und Ruhe mitten in ständiger Veränderung zu übermitteln. Allen zyklisch wiederkehrenden Phänomenen unterliegt eine tiefe Einheit, unabhängig von den verschiedenen mystischen Lehren.

Während der Einsiedler fortfährt, nach innen zu schauen, hält das reine Licht der Bewußtheit nicht lange an. Bald muß er gewahr werden, daß mehr in ihm ist als nur reine Bewußtheit, nämlich Verrückheit und die ewig kreisenden Gedanken des Verstandes. Er erkennt, daß es keine andauernden Gefühle oder Gedanken gibt, und daß nirgendwo eine festgesetzte Identität existiert. Es gibt nur ein sich drehendes Rad von Gefühlen: Liebe, Haß, Ärger, Leidenschaft, ja und nein, dafür und dagegen, und immer wieder dasselbe — wie ein Perpetuum mobile.

Er sieht, daß das Zentrum dieses Zyklons genau in der Mitte des Verstandes sitzt, und daß dies der einzige Punkt ist, der sich nicht ändern. Er erkennt, daß es Chaos oder Kosmos, Verrücktheit oder Bedeutung gibt, je nachdem, ob er in seiner Mitte ist oder nicht.

Die Schriftrolle der Hohepriesterin ist aufgerollt, das Spiel hat uns endlich zur ersten Wahrnehmung eines Zentrums geführt. Zum ersten Mal erkennen wir, woraus Realität besteht, wir fangen an zu verstehen, wie der Verstand funktioniert.

Im Lebensrad erscheinen die vier hebräischen Buchstaben des Namens Gottes (yod — he — vau — he), die vier lebendigen Kreaturen von Ezekiels Vision: der Engel, der Adler, der Löwe und der Stier — in Beziehung zu den vier Elementen Luft, Wasser, Feuer und Erde und zu den vier Evangelisten und den vier festen Zeichen des Tierkreises (Wassermann, Skorpion, Löwe und Stier), den vier alchemistischen Symbolen Quecksilber, Wasser, Schwefel und Salz.

Die vier lateinischen Buchstaben, die im Rad zu lesen sind, können auf drei verschiedene Arten gelesen werden. TORA (das Rad der Tora, das Gesetz, Dhamma, Tao, die Rolle der Hohepriesterin), ROTA (das Lebensrad, das Rad des Samsara, des Tierkreises, des Karmas), TARO (das Rad des Tarot, der Weissagung, des I-Ching).
Die jetzt aufgerollte Schlange des Magiers dringt in die Tiefe des Verstandes ein, um das halb Mensch-, halb Tiergeschöpf zu entdecken, und es hinauf zur Bewußtheit zu bringen. Die Sphinx, halb Frau, halb Löwe, die der Wagenlenker zu bezwingen versucht hat, ist aus dem Rad entflohen und steht jetzt darüber: Das Handeln des Wagenlenkers war lediglich durch sein Karma, seine Konditionierungen und seine Vergangenheit bestimmt. In dieser Karte wird er sich zum ersten Mal bewußt, daß er nicht die Kontrolle über sein Leben hat.
Das Rad steht auch für Risiken, Spielen; Gewinnen und Verlieren im großen Spiel des Lebens. Es ist ein gefährliches Spiel, denn das Schwert, das auf dem Tisch des Magiers lag, wird jetzt von der Sphinx bedrohlich in der Hand gehalten und fordert Wahrheit und Echtheit.

Bedeutung

— das ständige Auf und Ab des Lebens
— alles kehrt wieder
— Karma
— Déja-vu
— im Zentrum des Zyklons ist Stille

Alle deine Erfahrungen, dein Leben, deine Stimmungen, wiederholen sich. Vieles, was du tust, sind Reaktionen, nicht Aktionen. Setze dich, wie die Sphinx, über die Geschehnisse und sei der Beobachter. Meditiere über alle deine Launen und Gefühle, die sich ständig verändern — Trauer, Ärger, Angst, Liebe, Sex. Betrachte das ständige Auf und Ab und erinnere dich an dein Zentrum, dein Hara. Dort herrscht Stille, du bist nicht mehr mit den äußeren Ereignissen identifiziert.
Diese Karte steht für starke Veränderungen in deinem Leben. Du siehst deine alten Lebensmuster und fängst an, deine Veränderungen selbst in die Hand zu nehmen. Du bist in der Lage, Distanz zu deinen Problemen zu bekommen.

XI. Gerechtigkeit

Wir haben jetzt den ruhigen Punkt im Verstand gefunden, wir sind ausgeglichen im ständigen Auf und Ab, wir haben tief in uns selbst geschaut und sind dabei unbeteiligt geblieben.

Jetzt schaut die Gerechtigkeit geradewegs in deine Augen. Sie sieht ernst aus, sie trägt eine einfache, ungeschmückte Robe und hält ein Schwert und eine Waage in ihren Händen. Es liegt keine Bedrohnung in ihren Augen, der Blick ist eindringlich, aber ruhig.

Wie zuvor die Hohepriesterin, sitzt sie vor zwei Säulen, zwischen denen ein Schleier hängt. Auf dem Vorhang sind keine Symbole, alles ist einfach — sie sucht nicht nach Staffage oder Schönheit. Der Vorhang hinter der Hohepriesterin läßt das Wasser erkennen, während derjenige hinter der Gerechtigkeit keinen Blick auf das hinter ihr Liegende zuläßt.

Wenn du im Prozeß im Rad des Lebens nicht zerstört worden bist, dann kommst du transformiert heraus. Du hast erfahren, daß Verrücktheit in dir ist, daß du keine feste Identität hast — dein Selbstbild ist zerstört.

Behalte dies in deinem Bewußtsein, egal wie groß der Schmerz ist, den diese Erkenntnis mit sich bringt. Es gibt kein Heilmittel gegen diese Erfahrung, die Dinge sind, wie sie sind. Die Säulen der Gerechtigkeit müssen mit Bewußtheit und Disziplin durchschritten werden.

An diesem Punkt möchte man am liebsten aus dem Film aussteigen, aber das ist nicht möglich. Es gibt keinen Ausweg bis zum letztendlichen Erwachen. Der einzig mögliche Weg ist die Disziplin des Akzeptierens. Schulden müssen zurückbezahlt werden, nichts kann daran geändert werden, die Welt ist so, wie sie ist. Wenn du leidest, dann mußt du leiden, das ist das Fegefeuer. ,,Gerechtigkeit'' verkörpert Wahrheit, das So-Sein. Ihre Augen schauen geradeaus, denn sie weiß, wer du wirklich bist, sie läßt sich nicht täuschen.

,,Du siehst die Wahrheit'', sagt die Stimme. ,,Auf diesen Waagschalen wird alles gewogen. Dieses Schwert ist immer erhoben, um Gerechtigkeit walten zu lassen, und nichts kann ihm entfliehen. Aber warum wendest du deine Augen ab von den Waagschalen und dem Schwert? Sie werden dir die letzte Illusion rauben. Wie könntest du auf dieser Erde leben ohne diese Illusionen? Du möchtest gern die Wahrheit sehen, und jetzt hältst du sie fest! Aber erinnere dich, was dem Sterblichen geschieht, der die Gottheit festhält." (Ouspensky)

Astrologischer Bezug

Astrologisch entspricht die Gerechtigkeit dem Tierkreiszeichen Waage. In unserem Arrangement der Karten liegt sie genau in der Mitte der Reihe der Tarotkarten, genauso wie die Waage mit Tag- und Nachtgleiche im Herbst exakt in der Mitte des astrologischen Jahres liegt.

Bedeutung

— Klarheit des Verstandes
— Gleichheit
— neutrales präzises Urteil
— abwägen und entscheiden

Ziehe dich zurück und nimm dir Zeit, dein Leben wie einen Film vor dir ablaufen zu lassen. Betrachte alle Erinnerungen und sei ehrlich mit dir. Wirf sie auf die Waagschalen und schau, was gut und was schlecht für dich war. Willst du dein Leben so weiter gestalten? Willst du irgend etwas ändern? Wo stehst du? Bist du zufrieden mit dem Ergebnis oder nicht? Wenn du diese Karte gezogen hast, ist es wichtig für dich, dir diese Frage zu stellen. Es ist Zeit, mit deinem Herzen und deinem Verstand dein Leben zu sehen, wie es wirklich ist — ohne zu verurteilen, ohne Schuldgefühle über Vergangenes. Sei gerecht mit dir selbst.
Du bist im Gleichgewicht, siehst die Wahrheit, bist klar. Du siehst den Tatsachen ins Gesicht. Beende unerledigte Geschäfte.

XII. Der Gehängte

Ein schöner junger Mann, der dem Narren sehr ähnlich sieht, hängt an seinem rechten Fuß an einem T-ähnlichen Kreuz, das aus frisch geschlagenem Holz gebaut ist, welches noch Grün trägt. Sein linkes Bein hängt entspannt hinter seinem rechten und formt auf diese Weise ein weiteres Kreuz. Seine Arme sind hinter seinem Rücken gekreuzt und zusammengebunden und geben so ein Gefühl von Machtlosigkeit und Unbehagen. Aber sein Blick ist völlig entspannt und zufrieden, seine Ausstrahlung zeigt Gleichmut und Glückseligkeit, sein Kopf ist umstrahlt von einer Aura aus Licht. Diese Karte zeigt auf den ersten Blick Entspanntheit in Machtlosigkeit, Glückseligkeit auch bei Unbehagen — wie die Erleuchtung von Jesus durch die Kreuzigung.

Es ist jene Entspannung, die dem totalen Akzeptieren folgt, das in der Gerechtigkeit stattgefunden hat.

Das ist es also, was hinter dem Vorhang der Gerechtigkeit verborgen ist: Die einfache und klare Welt war nur eine Falle. Die Dinge liegen doch anders, als man erwartet hat, in der Tat, geradezu das Gegenteil davon. Alles hat sich von innen nach außen gekehrt und von oben nach unten. Plötzlich ist man festgebunden — was tun?

Der Hängende ist entspannt, es gibt keinen Streß, keinen Kampf. Seine Hände sind machtlos.

Wie anders schaut das Kreuz des Hängenden aus als das christliche mit dem leidenden Jesus. Mit einem simplen Strich haben E. Waite und P. Smith Schönheit und Positivität in den christlichen Mythos des Kreuzes hineingebracht. Jesus leidet nicht länger für unsere Sünden, er freut sich statt dessen an seiner verdienten Glückseligkeit.

Der Einsiedler auf der Bergspitze mußte den anstrengenden Weg auf den Berg hinauf unternehmen, um Licht zu finden. Der Hängende ist der Einsiedler, der alles umgekehrt sieht: er ist ohne jede Anstrengung. Das Licht ist nicht mehr in einer kleinen Lampe eingeschlossen. Jetzt ist er erfüllt von Licht, jetzt ist sein eigener Kopf, sein eigener Körper erleuchtet. Der Ein-

siedler hat den Berg bestiegen, um Gott zu finden; der Hängende ist Gott, der den Berg herunterkommt, um ihn zu treffen. Er ist der Narr, der in den Abgrund fällt.
Auf einer anderen Ebene ist der Hängende das Symbol für die Einweihung in die spirituellen Mysterien, die Hingabe an einen spirituellen Meister, um die Tiefe des eigenen Seins zu entdecken.

Bedeutung

— umgekehrte Sichtweise
— akzeptieren von Gegebenheiten
— Hingabe
— Bindung an die materielle Welt
— Freiheit des Bewußtseins
— Geduld, Entspannung

Die Dinge sind nicht so, wie du sie dir vorgestellt hast. Eine große Veränderung geschieht in deinem Leben. Plötzlich paßt nichts mehr in das Bild, das du dir von dir und der Welt gemacht hast. Alles scheint auf dem Kopf zu stehen, die Verwirrung ist groß! Du willst die Dinge sehen, wie sie wirklich sind, du bist offen für Neues, du lernst zu akzeptieren. Du bist positiv und geduldig, aber gleichzeitig lebendig, wach und selig. Dein Verstand hat Ruhe gegeben, und du hast eine Ahnung bekommen, was es bedeutet, in der Gegenwart zu sein.
Laß alte Vorstellungen los, stell dich auf den Kopf und betrachte alle deine Probleme einmal aus einer ganz anderen Perspektive!

XIII. Tod

Der Tod kommt. In vielen traditionellen Tarotdecks bleibt diese Karte ohne Namen und enthüllt damit den Schrecken des bewußten Verstandes vor seiner eigenen Auflösung. Das traditionelle Bewußtsein von Tod basiert auf Angst. In Waites Tarotdeck wird der Tod mit Liebe akzeptiert, und durch dieses Akzeptieren eröffnen sich neue Perspektiven. Da ist das Versprechen auf ein neues Leben — die mystische Rose auf der Fahne und die Sonne am Horizont —, wodurch die Karte eine gewisse Milde erhält. Der Tod trägt eine schwarze Rüstung und reitet ein wunderschönes weißes Pferd, dessen Schritte das Ende der Lebenden ankündigen. Der König liegt bereits am Boden, der Bischof erwartet betend seine Zeit, ein Kind mit einem Blumenstrauß begrüßt ihn aufgeregt, während die Mutter ihrem Schicksal in Hingabe ergeben scheint. Der Tod betrifft alle gleichermaßen, die Jungen und die Alten, die Spirituellen und die Erdverbundenen, die Starken und die Schwachen ohne Rücksicht ihres sozialen Standes oder sonstiger Verdienste.

Im Hintergrund kann man den Fluß Styx erkennen, der diese Welt von der anderen trennt, darauf ein Boot, das die Seelen der Toten zum anderen Ufer bringt. Dort sehen wir zwei Türme, die den Blick ins Unbekannte und in die Ferne freigeben. Die Sonne geht unter (oder auf?). Sie verweist auf die nächste Karte, die „Mässigkeit". Die Feder auf dem Helm des Todes erinnert an die des Narren und an die des Gotteskindes auf der Karte „Die Sonne", ebenso das Pferd: Tod und Leben sind nicht getrennt, sie sind die zwei Seiten derselben Münze.

„Während ich auf den Reiter und die untergehende Sonne schaute, hatte ich eine Eingebung. Ich verstand, daß der Weg des Lebens aus den Schritten des Pferdes vom Tod besteht. Die Sonne sinkt an einem Punkt und geht an einem anderen wieder auf, ich verstand, daß sie aufgeht, während sie untergeht, und untergeht, während sie aufgeht und das Leben bei der Geburt stirbt und im Sterben wiedergeboren wird." (Ouspensky)

Bedeutung

- Übergang in eine andere Dimension
- Lösung der Bindung an die materielle Welt
- Auflösung, Wandlung
- Du stirbst jeden Moment
- Verlust
- Orgasmus
- Vergangenheit

Es ist vorbei. Das Alte stirbt und etwas Neues kann in dir geschehen. Wann immer etwas stirbt, entsteht Neues, wie der Same, der aufbricht und zur Blume wird oder die Raupe, die ihren Kokon sprengt und zum Schmetterling wird. Im Sterben erleben wir den Teil in uns, der niemals stirbt, der immer frisch und neu ist und sich ständig wandelt.
Schau, was das Thema Tod für dich bedeutet, was für Ängste damit verbunden sind.

XIV. Mässigkeit

Eine schöne Frau mit Engelsflügeln steht am Ufer eines Gewässers. Ihr strahlender Kopf wird von einem goldenen Diadem geschmückt, das die Sonne repräsentiert. Auf ihrem Herzen finden wir ein Dreieck in einem Quadrat: Geist in der Materie. Das Dreieck ist auch gleichzeitig ein Symbol für die Aufwärtsbewegung des Feuers. Ihre Füße berühren sowohl die Erde als auch das Wasser, weil sie gleichermaßen im Bewußtsein wie im Unterbewußtsein, dem Manifesten und dem Verborgenen verwurzelt ist. Ihre Händen halten zwei Kelche, mit denen sie Wasser von einem zum anderen gießt. Wenn man dies genauer betrachtet, sieht es aus wie ein ununterbrochener Energiestrom, der die beiden Kelche verbindet. Es ist ein Energiekreislauf. Auf der rechten Seite sehen wir gelbe Wasserlilien, auf der linken führt ein Pfad in den Hintergrund zu den Bergen, über denen die Sonne scheint, die wie eine Krone aussieht.

Nach dem Tod kommt die Wiederauferstehung. Wir haben uns radikal verändert, das Alte ist völlig verschwunden; jetzt ist es Zeit für Meditation, ganz aufmerksam sein, wann wir wirklich in der Gegenwart sind, und nicht Gedanken über Vergangenheit oder Zukunft nachhängen. Es entsteht eine tiefe innere Ausgeglichenheit, reine Freude an den verfügbaren Energien. Der Tod ist nur für die, die die Vergangenheit nicht aufgeben können, die „Mässigkeit" hat ihn aufgegeben. Sie ist über das Wasser des Styx gegangen, sie hat alle Bindungen aufgeben: Und doch ist sie noch nicht ganz ruhig, sie hat noch eine Zukunft vor sich und bereitet sich vertrauensvoll vor, loszufliegen. Sie hat die Vergangenheit fallengelassen, aber noch nicht die Zukunft. Vielleicht nennt man sie deshalb auch den Engel der Zeit.

Sie ist sich bewußt, daß das Licht des „Hängenden" in ihr kristallisiert ist, sie fühlt ihre Göttlichkeit, ihre gottgleiche Natur.

Im Vergleich mit den Liebenden zeigt sich folgendes: Die Beziehung zwischen Himmel und Erde beinhaltet eine „menáge à trois" zwischen Adam, Eva und dem Engel. Das ist es, warum der erste Lichtblick der Liebenden so flüchtig ist. Jetzt ist die Glückseligkeit des Engels auf der Karte der

„Mässigkeit“ nicht mehr so zerbrechlich. Die Frau auf der Karte ist eins geworden vom Kopf im Himmel bis zu den Füßen auf der Erde und dem Wasser. Aber sie möchte noch mehr, sie möchte zur Quelle fliegen, zur Sonne, sie möchte eins werden mit Gott.
So wie der Magier jetzt in der Karte der „Kraft“ tiefer in sich gegangen ist, hat der „Wagenlenker“ jetzt in der Karte der „Mässigkeit“ seine Verhaftung im Materiellen aufgegeben.
Anders als der „Wagenlenker“ hat die Frau der Karte „Mässigkeit“ sich jetzt mit dem Wasser des Unbewußten befreundet. Aber genau wie er kennt sie noch keinen endgültigen Frieden, sie möchte noch weiter. Und das Ziel scheint nicht fern zu sein. Sie ist sich nicht bewußt, daß sie noch viele Täler durchqueren muß . . .
Es ist die Geschichte des Engels Lucifer und die Geschichte des Menschen, der bereits aus Licht, aus dem Göttlichen gemacht ist — und trotzdem Gott sein möchte.
Die „Mässigkeit“ entdeckt, daß nicht alles im Prozeß des Todes fallengelassen wurde: es sind immer noch Wünsche da. Die „Mässigkeit“ kann in einigen Aspekten als Entsprechung des Tierkreiszeichens Schütze gesehen werden.

Bedeutung

— das Leben als konstanter Fluß
— Ausgewogenheit
— Wurzeln und Flügel, Himmel und Erde
— Harmonie
— Spiel mit der Energie

Meditiere auf dein Herzchakra, spüre wie alle deine Energien, die du mit deinem offenen Herzen aufnehmen kannst, transformiert werden. Wenn du ausatmest, sende Segen und Liebe aus. Du kannst bewußt mit deinem Leben umgehen, verlierst dich weder in der materiellen Welt, noch in tiefen Gefühlen und anderen Bewußtseinszuständen.
In deinem Leben ist ein Ruhepunkt eingetreten, genieße die Harmonie und gib anderen, was in dir steckt.

XV. Der Teufel

Versuche nicht, zu nah an Gott heranzufliegen, vielleicht kommst du nicht wieder herunter. Ikarus fiel herunter und verbrannte zu Asche. Lucifer verlor alles Licht und alle Schönheit und wurde Satan. Der Teufel ist das verlorene Schaf aus dem Neuen Testament, der Mensch, der völlig in die Irre gegangen ist.

Waites Darstellung des Teufels ist sowohl traditionsverbunden als auch sehr schön. Alle Attribute sind da:

Schwarz steht für Unbewußtheit und Ignoranz, der Ziegenbock mit seinen häßlichen Fledermausflügeln, das Fell auf seinem Körper und die furchtbaren Vogelfüße. Das umgekehrte Pentagramm — die Spitze zeigt nach unten — symbolisiert Anziehungskraft zum Untersten, der Materie. Die Ketten fesseln die gehörnten Sünder — Adam und Eva — nach dem biblischen Fall aus dem Paradies. Die furchterregende Fackel erinnert an Höllenqualen und die weit geöffneten Augen sind bereit, eine Verwünschung auszusprechen. Sex, Ärger und Sünde, Unbewußtheit und gefangen sein, Ignoranz und Bindung, all das kommt in der Kette zum Ausdruck. Die Frau auf der Karte „Mässigkeit" hat gedacht, sie sei nicht der Körper, jetzt entdeckt sie, daß sie sehr wohl körperlich ist. Sie hat gedacht, sie könnte fliegen, statt dessen findet sie sich in der Hölle wieder. Sie hat gedacht, sie hätte Ärger, Sex hinter sich gelassen, aber der Teufel erinnert sie daran: du bist dein Ärger, du bist dein Sex.

Der Teufel ist der Anfang des 3. Teils unserer Geschichte. Er ist soweit gegangen wie ein menschliches Wesen gehen kann. Er ist das, was übrigbleibt, wenn die Illusion verlorengegangen ist, daß wir unser Leben kontrollieren können, daß wir Glück und Erfüllung durch unsere Wünsche erreichen können. Und doch strahlt sein Gesicht eine gewisse Schönheit aus. Vielleicht ist es sein Gesichtsausdruck, die weit geöffneten Augen, die erkennen lassen, daß Bewußtheit möglich und nötig ist inmitten von Leidenschaft, Unmoralität und Sünde.

Die beiden menschlichen Wesen sehen aus, als würden sie sich amüsieren.

Sie sehen jedenfalls nicht wie Sklaven aus: Ihre Position ist bequem, aufrecht, würdevoll, die Kette um ihren Hals ist lose und ihre Hände sind frei, sie können sich jederzeit befreien. Ihr Sklavendasein ist freiwillig, denn sie wählen selbst die dunkle Seite, die Versuchung.

Es ist ein Ausdruck ihrer Freiheit, denn sie gehen bewußt in diese Erfahrung, und deshalb kann ihnen die Freiheit gar nicht genommen werden. Sicherlich denkt der Teufel, er könnte sie benutzen, aber es könnte auch sein, daß die beiden ihn benutzen wegen der aufregenden Erfahrungen, einfach zum Spaß.

Der Teufel ist auch die andere Seite der ,,Liebenden". In der Karte der ,,Liebenden" ist das Leben so schön und die Welt so schön, daß die beiden an die Realität dieser Welt und an sich selbst glauben wollen. Sie wollen das Dienen vergessen und von der Welt nehmen, was sie zu bieten hat. Sie schaffen eine Trennung zwischen sich und der Welt. Sie sagen: ,,Wir sind hier und die Welt ist dort."

Und doch ist diese Trennung von der Welt kein zufälliger Irrtum — es ist die christliche Geschichte von Adam und Eva, die aus dem Paradies geworfen werden, die einen tieferen Sinn hat.

Sie mußten hinausgeworfen werden. Es ist nicht so, daß sie dafür verantwortlich sind, es ist eine Grundregel des Lebens. Wenn Adam nicht herausgeworfen worden wäre, wäre er vielleicht nie Christ geworden. Er mußte sich verlieren, um wieder zu Hause ankommen zu können.

Was jetzt ansteht ist, so tief wie möglich in die Dunkelheit einzutauchen. Wie bei allen Hauptkarten ist das Akzeptieren der Weg zur Transzendenz. Ungehorsam ist notwendig, um gehorsam zu werden. Rebellion ist notwendig, um selbstlos zu werden. Jeder Heilige hat eine Vergangenheit und jeder Sünder eine Zukunft. Erinnere dich daran und habe nie Angst vor dem Verbotenen.

In dieser Karte ist das Verbotene der Weg. Gehe ganz hinein, sei mutig, sei total — damit das Verbotene seine Anziehungskraft für dich verliert. Gehe mit ganzem Herzen. Erforsche das Verbotene völlig, erforsche alle seine Ecken und beende es. In dem Moment, indem du das ganze Spiel erkannt hast, bist du draußen.

Der Teufel steht auch für das Unterdrückte, Unterbewußte, den vereinten Körper. Er ist all das, was zu verdammen uns beigebracht wurde. Alles, was wir in die dunkelste Ecke unseres Bewußtseins gesteckt haben und das dort ungesehen verfault.

Astrologisch gesehen steht der „Teufel“ für das Tierkreiszeichen Steinbock.

Bedeutung

— Verführung
— Egoismus
— Abhängigkeit jeglicher Art
— Schwarze Magie

Glaubst du etwa immer noch an den Teufel? Der Teufel sitzt auf seinem Sockel und tut nichts. Du brauchst dir nur die Ketten über den Kopf zu ziehen und du bist frei. Im Moment bis du in deinen Gefühlen, deinen Illusionen, deinen dunklen Emotionen verstrickt. Du siehst kein Licht mehr, du bist unbewußt geworden. Du denkst, daß der Teufel hinter dir her ist, daß er dich verführen will, daß er dich besitzen will. Du bist eifersüchtig, egoistisch, dein Horizont ist eingeengt. Du bist abhängig von Sex, von gutem Leben, vom Fernsehen . . . wovon auch immer. Öffne die Augen und erkenne, daß die Ketten selbst geschaffen sind. Du hast die Wahl, denn du bist frei!

XVI. Der Turm

Auf dieser Karte ist der letzte Sturz, das völlige Versagen, der tragische Untergang dargestellt. Wir sehen einen hohen grauen Turm auf einer einzeln stehenden Bergspitze, die überragt wird von einer riesigen goldenen Krone. Der Turm ist umgeben von völliger Dunkelheit; er wird zerstört durch einen einzigen Blitzschlag, der aus dem Himmel kommt. Zwei königliche Figuren stürzen inmitten heißer Flammen und dunkler Rauchwolken in den Abgrund. Schmerz und Furcht zeigen sich auf ihren Gesichtern.

Diese Karte symbolisiert den stärksten Schlag gegen die Falschheit unseres Egos, unseres Gefühls, vom Ganzen abgetrennt zu sein. Die Krone repräsentiert alle anderen Kronen im Tarot: Selbstüberschätzung, Persönlichkeitsmasken, Ideen von persönlicher Macht. Der Blitz ist ein Symbol für Gott. Mit dem Teufel waren wir so weit gegangen, wie das Ego gehen kann. Er war das verlorene Schaf aus der Geschichte des Neuen Testaments. Dies ist der letzte Punkt, bis zu dem der Verstand funktioniert. Jetzt muß er zurückgelassen werden. Etwas Großes passiert, ein inneres Erdbeben, ein Vulkan bricht aus, alles aus der Vergangenheit zerbricht und wird zerstört. Jetzt hat sich die Nacht über das verlorene Schaf gesenkt, es gibt keine Hoffnung mehr auf Rückkehr. Der Traum ist zu einem Alptraum geworden, wir stehen vor der Vernichtung. Das Haus hat Feuer gefangen!

Es ist ein erschreckender Film, laß uns aussteigen!

Jetzt kommt Gott, das Übernatürliche, der Blitz, der Donner. Der ganze Ozean greift nach dem Wassertropfen. Wir sind zerstört. Die ganze Reise, die ,,Herrscherin" und der ,,Herrscher", der ,,Magier" und die ,,Hohepriesterin", die ,,Liebenden" und der ,,Teufel", alles. Die Krone, die die Frau in der Karte die ,,Mässigkeit" erreichen wollte, ist jetzt zerstört. Der ,,Turm" verkörpert die Befreiung durch die Katharsis nach dem letzten Ausbruch. Und Flammen der Gnade fallen von oben herab.

Bedeutung

— der Sturz vom hohen Roß
— Karma, Schicksal
— Zerstörung, Niederlage
— Zurückgeworfensein auf sich selbst
— der Turmbau zu Babel

Die Wurzel, die Basis, auf die du dein Leben aufgebaut hast, war nicht echt. Sie war nur Schein. Dein Leben stürzt wie ein Kartenhaus zusammen; alles was du sorgsam und durchdacht aufgebaut hast, ist von einer Sekunde auf die andere vorbei. Du bist verzweifelt — entspanne dich, laß es geschehen, kämpfe nicht — und vielleicht kannst du die Erleichterung spüren, die damit kommt, daß du völlig neu anfangen kannst. Du wirst wach, lebendig, offen und verletzlich nach dem Fall sein, denn was mit dir geschieht ist größer als du.
Der Turm steht auch für die Menschheit, die versucht, die Natur unter Kontrolle zu bekommen und auszubeuten.

XVII. Der Stern

Eine schöne nackte Frau kniet an einem See und gießt Wasser aus zwei Krügen, den einen direkt in den See, mit dem anderen bewässert sie die Erde. Man bekommt den Eindruck, als wäre ihr Wasservorrat unerschöpflich, und was so aussieht wie zwei Krüge, sind in Wirklichkeit zwei unerschöpfliche Quellen. Ihr linkes Knie wird von der Erde gestützt, ihr rechter Fuß wird auf mystische Weise vom Wasser getragen; er berührt nur leicht die Oberfläche, ohne naß zu werden. Die Natur um sie herum ist wunderschön und ein Gefühl von Würde und Wärme breitet sich aus. Ein Vogel auf einem Busch singt in der Ferne. Der Himmel ist strahlend blau, es ist der erste blaue Himmel seit der Karte ,,Das Rad des Lebens'' und ,,Der Einsiedler''. In der Mitte scheint ein großer, achtstrahliger Stern, golden wie das Haar der Frau; um ihn herum sind sieben kleine Sterne. Zusammen sind es acht Sterne — die Zahl für Stärke, für das Unendliche, für das ewige Werden. Wir haben vielleicht eine Reise erwartet, eine geographische Bewegung, einen Raum / Zeit-Unterschied zwischen Tal und Bergspitze. Jetzt sehen wir, daß die Spitze genau dort ist, wo das Tal ist. Nur die Illusion, der Traum mußte zerstört werden, der Verstand mußte gehen. Wir hatten angenommen, daß Flügel notwendig sind, daß Säulen durchschritten werden müssen, daß Reisen anstehen, und stellen plötzlich fest, daß wir auf der Spitze aufwachten, mitten im Garten. Ganz plötzlich bist du für eine kurze Zeit ganz wach. Die Frau auf der Karte ,,Der Stern'' hat mehr Energie als sie braucht, nicht so wie die Frau in ,,Die Mässigkeit'', die ihre Energie sorgfältig abwägen muß. Sie kann einfach geben und geben und geben . . .
Der Einsiedler hatte die Aufgabe, den Stern aus der geschlossenen Laterne zu befreien, ohne das Glas zu zerbrechen. Im Turm wurde die Laterne ganz und gar zerstört, der Stern ist jetzt endlich frei. Anhänger des Zen nennen dieses Erlebnis ein ,,Satori'', ein plötzliches Erkennen der wahren Natur des Seins.
Die Frau in der Karte ,,Der Stern'' ist in der Welt, sie versteckt sich nicht wie der Einsiedler oder läßt sie hinter sich wie die Frau in der Karte ,,Die

Mässigkeit". Ihr Fuß liegt wie eine Lotusblume auf dem Wasser. Sie lebt in der Welt, aber die Welt benützt sie nicht. Es gibt keinen anderen, es gibt keine Kleidung, sie hat nichts zu verbergen, sondern alles zu geben. Überflüssiger Reichtum ist ihre Qualität.
Der Stern kann als Symbol für das Tierkreiszeichen Wassermann gesehen werden.

Bedeutung

— Sehnsucht nach dem göttlichen Ursprung
— Grenzenlosigkeit, Unendlichkeit
— Mensch und Natur in göttlicher Harmonie
— Bewußtheit
— Fruchtbarkeit

Wie das Wasser zurückfließt zum Ozean, so spürst du den Wunsch, dich aufzulösen, in Harmonie mit deiner Umgebung zu sein. Du sitzt in einer Sternennacht in der Natur und verlierst dich in der Weite des Alls. Lasse diese Gefühle in dir zu. Du spürst deine Natürlichkeit, sagst ja zu deinem Körper, deinem Verstand und deiner Seele. Diese Karte ist eine Erinnerung daran, wie wahnsinnig dieses Geschenk ist, ein Mensch sein zu dürfen. Was auch immer gerade deine Probleme sein mögen, besinne dich darauf.

XVIII. Der Mond

Ein rötlicher Krebs kriecht langsam aus dem Wasser, er ist dabei, auf einen sehr langen Weg zu gehen, der in die Dunkelheit der Nacht führt. Ein Hund und ein Wolf bellen den Mond an, der goldenes Licht auf den Pfad wirft, der sich durch zwei Türme hindurchwindet, die beiden Pfosten der bekannten Welt, hinein ins Unbekannte, in das Mystische, das Unerforschte. Die Karte strahlt ein Gefühl von Magie, Mysterium und Traum aus. Intuition und Imagination, Selbstbewußtsein und Zweifel, Wahrheit und Trug, das alles steckt in dieser Karte. Der Mond zeigt den letzten Teil der Reise an, es ist aus der Vogelperspektive gesehen ein Resumee all unserer Leben, ein letzter Blick zurück auf unsere gesamte Existenz. Der Mond zeigt die ganze Evolution des Lebens auf unserem Planeten. Angst und Sehnsucht werden symbolisiert durch den Wolf und den Hund. Durch die Tore gehen wir vom Bekannten bis zur reinen Bewußtheit, die durch den Mond symbolisiert wird. Es ist unser letzter Traum, überstrahlt von Mitgefühl und Bewußtsein. Jetzt, wo wir auf den Pfad zurückschauen, können wir sehen, daß er aus purem Gold gemacht ist, daß das Licht nie wirklich verloren gehen konnte, denn der ganze Weg ist beleuchtet.
Als Symbol für das Tierkreiszeichen Fische beschließt der Mond den Kreis des Zodiaks, der mit dem Herrscher (Widder) begann.

Bedeutung

— Empfänglichkeit, Weiblichkeit
— Unbewußtes
— Kindheit
— Intuition, Ahnungen, Visionen

Du fühlst und siehst die Bilder, Visionen, Gedanken aus deinem Unterbewußtsein aufsteigen und sehnst dich nach Gott, nach dem Ganzen — nach der Einheit von Sonne und Mond, dem Männlichen und Weiblichen. Du findest dich irgendwo in der Mitte des Weges, du kannst nicht mehr zurück, zögerst aber, weiterzugehen. Die Vision sagt dir, mit geschlossenen Augen nach innen zu schauen, mit allen deinen weiblichen Kräften, deiner Intuition und Geduld, auf den Weg zu gehen. Es ist Zeit, alle deine Gefühle und Gedanken anzuschauen, dich ganz kennenzulernen. In bezug auf Probleme fordert dich diese Karte auf, in die Tiefe zu gehen und nach der Quelle des Problems zu schauen, dich nicht mit der Oberflächlichkeit abzufinden.

XIX. Die Sonne

Zum Schluß scheint die Sonne hoch am Horizont, ihre schönen Augen schauen ruhig und tief in dich hinein. Alles ist offen, selbstverständlich, selbstgenügsam. Unter ihr reitet ein strahlendes Kind mit Blumengirlanden und einer roten Feder auf seinem Kopf auf einem weißen Pferd ohne Sattel oder Zügel. In einer Hand trägt es eine große orangene Fahne, seine Arme sind ausgestreckt in einer Geste des Willkommens und des vollkommenen Vertrauens.

Hinter dem Kind sieht man eine Wand, geschmückt mit vielen Sonnenblumen. Das Bild strahlt Wärme, Unschuld, Freude und Vertrauen aus. Auf dem Weg des Mondes sind wir zum Garten der Sonne gelangt. Die lange Suche nach dem Licht ist vorbei. Endlich erinnern wir uns daran, wer wir sind, nämlich der Narr. Das Gesicht des Mondes schaut uns direkt an, die Wahrheit liegt offen zutage. Das Jesuskind begrüßt die Welt, Gott erfreut sich an seiner Kreation.

Wie wir anfangs schon erwähnten, stellen die Tarotkarten ab ,,Der Stern'' höhere Bewußtseinszustände dar. Damit betreten die meisten von uns unerforschte Gebiete. Wenn einmal alle Kleider gefallen sind (,,Der Turm''), bleibt nur das übrig, was über die Persönlichkeit hinausgeht, es ist jenseits des Verstandes und deshalb außerhalb von Kommunikation und Sprache.

Der Mond symbolisiert als erster solche Zustände, jetzt folgt die Sonne. Zusammen stehen sie für die letzte Erfahrung zweier grundlegender Energien, der weiblichen und männlichen, die der Narr als Hohepriesterin und Magier kennenlernte. Es sieht aus, als würde der Film zurückspulen zu den anfänglichen Bildern. Aber während im Magier und der Hohepriesterin das Männliche und Weibliche, Feuer und Wasser, durch Menschen verkörpert werden, müssen sie in dieser Karte als reine Bewußtseinsstufen, als kosmische Energien erfahren werden.

Es ist der letzte Blick auf unser Universum hin, wo die Sonne das lebensspendende Zentrum ist und die Mauer für den Zodiak steht, für die mate-

rielle Welt, auf die ganze Kreation aller physischen Körper, von den Elektronen bis hin zu den Planeten.
Die Wand steht immer noch da als Symbol für die Trennung zwischen unten und oben.

Bedeutung

— Vertrauen, Unschuld
— Zuversicht, Positivität
— Kreativität
— Licht, Wärme

Entdecke dein Kind in dir, die Leichtigkeit, die Unschuld, die Reinheit. Du heißt die Welt mit offenen Armen willkommen, du genießt die Wärme und Liebe, du bist dankbar für alles, was das Leben dir zu geben hat und spürst volles Vertrauen. Laß andere teilhaben an deinem Glück!

XX. Gericht

Wacht auf! Der Film geht seinem Ende entgegen, es ist Zeit für das Publikum das Theater zu verlassen. Es ist Zeit, über alle Trennungen hinauszugehen, alle Begrenzungen zu durchbrechen, alle Wände niederzureißen. Der Engel des letzten Erwachens bläst mit aller Kraft in die Trompete. Es ist Zeit für die Auferstehung. Männer, Frauen und Kinder kommen aus den Gräbern mit unmißverständlichen Gesten der totalen Freude und Glückseligkeit, denn es steht geschrieben, daß ,,er nicht der Gott der Toten, sondern der Gott der Lebenden ist" (Markus 18:27). Das Kreuz auf der Fahne erinnert daran, daß Kreuzigung nötig ist, um Auferstehung erfahren zu können. Tod und Turm waren nötig, um das ewige Leben zu erfahren, das, was niemals sterben kann.

Das Gotteskind erscheint jetzt als Engel, Jesus steigt auf in den Himmel. Der Meister geht ein in das Übersinnliche. Sogar die Bergspitzen müssen verlassen werden. Der Ruf ist mächtig: Komm und folge mir in das Unbekannte . . .

Wenn es Feuer regnet
  mußt du wie Wasser sein
Wenn es Überfluß von Wasser gibt
  sei wie der Wind
Wenn die große Flut kommt
  werde wie der Himmel
Und wenn es die allerletzte Flut aller Welten ist
  gebe das Selbst auf
Und werde der Herr

(Allama Prabhu)

Bedeutung

— Gott, Religion
— Wiedergeburt
— Licht
— Wiedervereinigung

Etwas Neues tritt in dein Leben, eine andere Dimension. Du siehst dich nicht als abgekapseltes Individuum, sondern als Teil des ganzen Universums. Du spürst die Einheit mit dem Göttlichen, entdeckst deine ureigenste Religiosität, unabhängig von den institutionellen Religionen. Diese Karte steht für Loslassen und Neubeginn auf einer anderen Ebene.

XXI. Die Welt

Eine schöne Frau tanzt glücklich den gleichen ekstatischen Tanz wie der Narr. Keine andere Figur unserer Geschichte hat getanzt, denn jeder von ihnen repräsentiert nur einen einzelnen Tanzschritt des Narren. Jetzt können wir den vollständigen Tanz sehen, denn nur das Ganze kann ihn tanzen. Und die Zahl Null des Narren ist nun vergrößert zur Girlande, die alle Existenz enthält.

Der Tanz des Narren war eine risikoreiche Angelegenheit — auf der Schwelle zum Abgrund. Jetzt gibt es kein Risiko mehr: Nirgendwohin kann sie fallen, es gibt keine Trennung zwischen oben und unten mehr. Es wurde schon alles riskiert und verloren, es gibt nichts mehr zu verlieren oder zu gewinnen, denn indem alles verloren wurde, wurde alles gewonnen.

Genauso wie ,,Das Rad des Lebens" ist auch ,,Die Welt" ein Mandala. Das eine zeigt die tiefere Ordnung, die im Chaos versteckt ist, das andere zeigt den reinen Kosmos. Und während die vier Kreaturen im Rad des Lebens das Gesetzbuch leben, haben sie jetzt alle ihr Buch verloren, denn jetzt gibt es kein anderes Gesetz mehr als den Tanz der Existenz.

Aber warum versteckt sie ihre Lenden unter einem Schleier? Die nackten Körper in den Karten ,,Die Liebenden" und ,,Der Teufel", ,,Der Stern", ,,Die Sonne" und ,,Die Auferstehung" hatten nichts zu verbergen. Was also versteckt sie hinter ihrer schönen Stola? Sie verbirgt die Tatsache, daß sie androgyn ist, ein Hermaphrodit. Adam und Eva, das Weibliche und das Männliche, sind für immer vereint.

Nichts benützen,
Nichts wünschen.
Er ist voll von Kraft.
Furchtlos, weise, erhaben.
Er hat alle Dinge hinter sich gelassen.
Er sieht seine Reinheit durch die Tugend.
Er ist am Ende des Weges angelangt.

Über den Fluß seiner vielen Leben
und seiner vielen Tode hinaus.
Über das Leiden der Hölle hinaus,
Über die größte Freude des Himmels hinaus,
durch die Tugend seiner Reinheit.
Er ist an das Ende des Weges gekommen.
Alles was er tun mußte, hat er getan.
Und jetzt ist er eins.

(Dhammapada)

Bedeutung

— Universum, alles ist eins
— Einklang, Harmonie
— Freiheit
— Erfüllung, Transzendenz

Alles findet seinen richtigen Platz. Du siehst den Sinn hinter all deinen Lebenserfahrungen und akzeptierst mit Freude die menschlichen Bedingungen auf unserem Planeten. Wenn du ja sagen kannst zu allem hört jeglicher Kampf auf und dein Tanz und der Tanz des Universums sind eins.
Du spürst, daß du dir selbst Erfüllung geben kannst, daß alles in dir ist, wonach du immer außerhalb von dir gesucht hast.

Die Hofkarten

Die Hofkarten stellen Menschen dar, die bestimmte Rollen oder Typen spielen. Sie sind Ergebnisse unserer Konditionierung. Spiele, die wir in unserem Menschen-Dasein ausleben.
Wir beginnen mit der Darstellung der einzelnen Hofkarten, um dann später noch einmal auf ihre Verbindung untereinander einzugehen, und damit gleichzeitig ein Beispiel zu geben für die vielfältigen Kombinations- und Interpretationsmöglichkeiten, die die Tarotkarten bieten.

Bube der Schwerter

Er ist der Luftikus, der mißtrauische Halbwüchsige, seine Füße stehen nicht fest auf dem Boden. Er beginnt, die vielen Probleme des Lebens zu fühlen: Er ist Hamlet, niemals ganz sicher, ob er es wirklich sein will. Er ist im Konflikt zwischen Liebe und Haß, ja und nein, Aktion und Rückzug, Mut und Angst. Er ist der Schüler, der widerwillig lernt. Sein Risiko ist es, in diesem Dilemma steckenzubleiben, niemals erwachsen zu werden und ewig ein Feigling zu bleiben.

Bube der Stäbe

Er ist der Reisende im Leben, der junge Mann, der seine Energien entdeckt hat, der erotische Liebhaber, der Tänzer, der Musiker. Er ist rechtschaffen, einfach, ein praktischer Mensch. Er hat das Vertrauen der Jugend, die bereit ist, auf Reisen zu gehen. Er ist der junge Sportler, der sich selbst trainiert. Er ist Narziß, der sich selbst bewundert. Das ist auch sein Risiko: übermäßige Selbstbestätigung, Narzißmus. Er wird sich Hindernissen stellen und anderen Menschen begegnen müssen, um seinen wahren Wert zu erkennen.

Bube der Kelche

Er ist der Schauspieler, sowohl im Theater wie im Leben: Er ist immer auf der Bühne. Er ist der Poet, der platonische Liebhaber, der Troubadour, der ein Geschenk aus seiner Liebe macht. Er ist der charmante Gauner, reich an Phantasie, erfinderisch und neugierig, aber es besteht die Gefahr, daß er immer ein Amateur bleiben wird. Sein Risiko ist Oberflächlichkeit, affektiertes Sozialverhalten. Er muß einen Geschmack von Bitterkeit bekommen, bevor er sein Spiel fallen lassen kann und wirklich die Fülle des Lebens kennt.

Bube der Münzen

Er ist der Student, der Schüler, der Meditierende; er ist im Hier und Jetzt, erstaunt über die Schönheit, die ihn umgibt. Er ist der Kunstschüler, der völlig im Akt seiner Kreation aufgeht. Er ist schön, spirituell und reich. Sein Risiko ist exzessive Reinheit, er mag seine Hände nicht beschmutzen, aber vielleicht muß er es doch . . .
Die Buben wirken statisch, während die Energie der Ritter durch die Pferde eindeutig Bewegung ausdrückt. Der Bube kann für männliche und weibliche Energie stehen, während der Ritter zum Männlichen tendiert. Von den Buben scheint nur der Bube der Kelche wirklich mit anderen in Beziehung treten zu wollen, alle übrigen können leicht alleine spielen. Die Ritter sind bereit, die Existenz anderer kennenzulernen und ihnen gegenüberzutreten — jeder auf seine Art und Weise. Sie besitzen ein Pferd, das Bewegung und Körperlichkeit darstellt. Sie tragen eine Rüstung, die den Verstand, gleichzeitig aber auch die Notwendigkeit zur Selbstverteidigung symbolisiert. Sie sind auf Abenteuer in der risikoreichen Welt aus.

Ritter der Schwerter

Er ist der Kämpfer, der Krieger, der Kreuzzügler, der Nein-Sager. Der Bube ist endlich zu einem Entschluß gekommen: Er will kämpfen, er will alle Unsicherheit hinter sich lassen. Er ist Aggression, Angriff, Wille, Bestimmtheit, totale Verneinung. Er ist bereit zu töten oder getötet zu werden. Aber er treibt sich selbst zu hart an . . .

Ritter der Stäbe

Er ist bereit zur Aktion: Der Bube ist sich der Existenz anderer bewußt geworden, er ist gewillt, mit ihnen in Konkurrenz zu treten. Seine Absicht ist es, sich selbst zu beweisen, nicht etwa andere zu verletzen. Er ist der Cowboy, der konkurrierende Sportler, der aggressive, junge Geschäftsmann, der gute Rebell, ein Robin Hood. Seine weitgeöffneten Augen zeigen Vorsicht. Sein Pferd ist bereit zum Lospreschen, es muß im Zaum gehalten werden.

Ritter der Kelche

Er ist der wohlmeinende Freund, der vorsichtige Liebhaber, der Diplomat. Er ist gläubig, religiös. Er ist der Ritter vom Heiligen Gral. Der Bube ist von seiner gemalten Bühne heruntergekommen, um die Abenteuer des Lebens zu erfahren. Er ist sich nicht sicher, ob sein Kelch voll oder leer ist. Dennoch möchte er geben und nehmen — aber vorsichtig. Seine Gesten sind etwas steif, aber doch mutig. Er hat Ablehnung erfahren und fährt dennoch fort, etwas anzubieten.

Ritter der Münzen

Er ist der Arbeiter, der Handelnde, der Postbote. Der Bube ist bereit, sich auch die Hände schmutzig zu machen. Als Bauer bestellt er seine Felder, als Künstler bringt er seine Kreationen auf den Marktplatz, als Meditierender testet er seine Bewußtheit in der realen Welt. Der Ritter gibt, aber er behält seinen riesigen Handschuh an, und es sieht aus, als hätte er Angst, vom Pferd gestoßen zu werden: er schwitzt, er ist müde, seine Haare hängen ihm ins Gesicht. Sein Pferd sieht eher aus wie ein Maulesel, er strahlt eine dumpfe, schwere Atmosphäre aus.

Königin der Schwerter

Die starke Mutter, die musterhafte Erzieherin, die verbitterte Witwe, die nörgelnde Ehefrau, die erfolgreiche Geschäftsfrau. Egal welche Stellung sie einnimmt, sie hat sie nur durch Kampf erreicht, durch die Siege und Niederlagen der Ritter. Sie zeigt sowohl Anteilnahme als auch hartes Urteil, Zuckerbrot und Peitsche. Sie mußte durch Leiden lernen, und das hat sie nicht vergessen. Und das wird sie auch an andere weitergeben.

Königin der Stäbe

Sie hat natürliche Überlegenheit bewiesen, die Konkurrenz ist geschlagen. Als Königin kann der Ritter endlich zur Ruhe kommen. Sie ist fest verwurzelt in ihrem Körper, sie ist offen. Von allen Königinnen besitzt sie den einfachsten Thron, sie braucht kein Drumherum, ihre Pose selbst ist königlich. Ihre Knie sind ausgebreitet, genauso, wie sie offen ihre Sonnenblume zeigt. Ihre Kraft ist die Kraft der Natur. Wenn die Königin der Schwerter die Mutter ist, ist sie die treue Freundin.

Königin der Kelche

Der Durst des Ritters ist gestillt, Liebe ist aufgeblüht, die Königin kann schmelzen und sich selbst in ihren Gefühlen verlieren. Sie weiß aus dem Unbewußten Kraft zu schöpfen. Ihr Körper paßt sich dem Thron an, wie Wasser die Form des Glases annimmt, und ihre Füße sind eins mit dem Meer. Ihr Thron ist eine Muschel, eine Öffnung, eine Gebärmutter, und doch steht er solide auf der Erde. Sie ist die Liebende, die Träumerin, die am Strand Muscheln sammelt. Sie ist die „femme fatale“, die sich dauernd im Spiegel anschaut, die junge, liebende Mutter, die Meerjungfrau, die Seherin, die in ihre Kristallkugel schaut. Sie ist Penelope, die für immer auf die Rückkehr ihres Geliebten wartet . . .

Königin der Münzen

Die Anstrengungen des Ritters werden durch die Ernte belohnt, der Künstler hat seine Werke verkauft, der Meditierende hat sein Bewußtsein bereichert. Die Königin ist die „First Lady", sie zeigt inneren und äußeren Reichtum. Sie ist zufrieden, glücklich und friedvoll. Ihr Körper ist der Ausgangspunkt neuen Lebens, wie das Kaninchen an ihrer Seite zeigt, aber ihre Seele ist die einer Jungfrau. Sie ist Dame des Hauses, Kunstsammlerin, Gärtnerin, anerkannte Malerin oder Musikerin, spirituelle Lehrerin. Sie ist die Jungfrau Maria, die Heilige Therese, die Mystikerin, die den Himmel — hier und jetzt — auf dieser schönen Erde gefunden hat.

König der Schwerter

Mit ihm hat sich Autorität durch Gewalt etabliert, und die Leiden der Königin sind vergessen. Sein Schwert ist bereit zur Tat: Er trägt es nicht wie die Königin als Symbol der Macht, sondern er benutzt es mit viel Energie als klare und sichtbare Drohung. Sein Ärger zeigt sich an seinem angespannten Mund und an seinen müden Augen. Er stellt den autoritären Vater dar — die Vaterfigur par excellence —, den Polizisten, den Richter und Professor: Er ist der Verantwortliche in all jenen Bereichen, in denen sich institutionelle Gewalt zeigt. Betrachten wir den Ritter als Kreuzzügler, als Imperialisten, dann ist der König der Missionar, der ihm mit der Bibel in der Hand nachgeht. Er ist am Höhepunkt auf dem Weg der Schwerter angekommen.

König der Stäbe

Die Königin ist zur Ruhe gekommen und hat das Leben genossen. Ihr Bewußtsein ist passiv — während der König sich wieder regt. Sie war völlig im Hier und Jetzt; er lebt für die Zukunft. Mit ihm schließt sich der Kreis — die Salamander, aufgezeichnet auf seinem Thron, beißen sich in den Schwanz —, er weiß, daß er kämpfen und zur Ruhe kommen kann. Aber er möchte mehr als das. Er ist der Führer, der gute und verläßliche Familienvater, der ernsthafte und ehrliche Partner — und trotzdem strahlt er Ratlosigkeit aus, denn er bekommt die Unsicherheit zu spüren, die zuviel

Sicherheit hervorbringen kann. Auf der Karte taucht ein lebendiger Salamander neben seinem Thron auf, als Symbol für das Feuer, das immer noch stark in ihm brennt.

König der Kelche

Der König wirkt hart und eckig trotz der Erfüllung durch die Liebe, die er als Königin erfahren konnte. Das Meer um die Königin herum ist in vollkommener Ruhe, während es in der Karte des Königs aufgewühlt ist und an allen Seiten hochspritzt. Er kündigt Abenteuer an. Seine Gefühle sind so stark geworden, daß er sie unterdrücken muß. Zuviel Verantwortung liegt auf seinen Schultern, und die unter Kontrolle gehaltenen Gefühle verunsichern ihn. An der Kette um seinen Hals hängt ein toter Fisch, während die lebendigen um ihn herum aus dem Wasser springen. Es ist nicht leicht für ihn, seinen Thron aus Stein durchs Wasser zu navigieren, er riskiert zu sinken . . . Er stellt den erfolgreichen Künstler dar, den Psychotherapeuten, den professionellen Schriftsteller. Im Gegensatz zur Königin macht er eine Show aus seiner Macht.

König der Münzen

Er kann nicht mehr erreichen, als das, was er bereits erworben hat. Er sitzt völlig zufrieden da, er ist friedliebend, erfolgreich und glücklich. Er hat sich selbst verwirklicht: Sogar die Natur um ihn herum erblüht und wird Teil seines Gewandes. Er steht als Symbol für den guten Vater, den mitfühlenden Führer, den besten Ehemann, den man sich vorstellen kann. Er ist sein eigener Herr. Aber er spielt immer noch eine Rolle. Er hat alles und genießt es auch, aber er wird es verteidigen und darum kämpfen, sollte es jemals bedrohlich werden: Seine Rüstung trägt er unter der Kleidung.
Jeder einzelne der Könige steht für den höchstmöglichen menschlichen Ausdruck einer bestimmten Energie, eines bestimmten Elements, eines bestimmten Weges menschlicher Erfahrung.

Experimente mit den Hofkarten

Wir experimentieren mit den Hofkarten und legen die Königinnen neben die Könige — und schauen, was für Paare sie abgeben.

Königin und König der Schwerter

Er hört ständig ihre vorwurfsvolle Stimme, sie muß immer sein verspanntes Gesicht und seine steife Haltung anschauen. Sie können einander nicht in die Augen sehen. Sie sind wegen ihrer Spiele abhängig voneinander, aber sie wollen keinen wirklichen Kontakt zueinander. Beide sind Verstandesmenschen, und sie machen sich gegenseitig für ihre Lage verantwortlich. Sein Hemd ist gut gebügelt und seine Wut genauso perfekt unterdrückt. Trotz seiner Machtdemonstrationen ist er auch nur ein Pantoffelheld . . .

Königin und König der Stäbe

Sie sind in Berührung miteinander und schauen sich gerade in die Augen. Sie sind praktische Menschen, die mit ihrem Körper verwurzelt sind. Zwischen ihnen herrscht Gleichheit, aber beide wollen sie ihre Unabhängigkeit bewahren. Dadurch entsteht Konkurrenz und Spannung zwischen ihnen: seine linke Hand schaut ungeduldig unter dem bereits zurückgeschlagenen Mantel hervor. Vielleicht macht ihn auch ihre Zufriedenheit nervös, jedenfalls sieht er aus, als könnte er jede Sekunde aufspringen und eine Auseinandersetzung heraufbeschwören.

Königin und König der Kelche

Beide sind Gefühlsmenschen, die sich gerne in ihren eigenen Emotionen und Träumen verlieren. Er träumt von Kunst, Therapie, Kultur und Ruhm, sie von fernen Ländern und anderen Liebhabern. Sie wirkt zerbrechlich, wird aber gefährlich, sobald sie ihm droht, Pandoras Büchse zu öffnen. Er liebt es genauso, ihre Psyche zu durchforschen und zu analysieren, wie er sie gern unterstützen und beschützen möchte.

Königin und König der Münzen

Entspannt und mit klarem Blick sitzen sie auf ihrem Thron, sie leben in Bewußtheit. Sie betrachten sich, aber sie sehen im anderen keinen Kampf, keine Konkurrenz und keine Emotionen. Sie spiegeln sich gegenseitig klar und ohne Projektionen. Sie sind nicht abhängig voneinander, wie das Paar auf der Karte der Schwerter, noch sind sie in der Weise unabhängig wie das Paar der Stäbe und Kelche. Zwischen ihnen herrscht Interdependenz und Gleichklang durch Stille, Entspannung und Meditation. Sie sind erfüllt voneinander. Die Lebensfreude, die sie verspüren, teilen sie untereinander, und sie genießen es, in der Gesellschaft des anderen zu sein. Sind sie alleine, fehlt ihnen nichts.

Die Schwertfamilie

Wenn wir jetzt noch die Buben und Ritter als Kinder betrachten, fällt bei den Schwertkarten auf, daß auch die Kinder nichts untereinander anfangen können. Ihre ganze Energie steckt im Zwist mit ihren Eltern, und nichts bleibt übrig, um miteinander zu spielen. Es scheint, daß es für sie nur zwei Möglichkeiten gibt: die offene Auseinandersetzung und Aggression oder ängstlich unterdrückte Wut, Schwäche, Neurose.

Die Stabfamilie

In dieser Familie werden die Kinder hauptsächlich sich selbst überlassen. Was können sie da anderes miteinander anfangen, als zu wetteifern und Krieg zu spielen?

Die Kelchfamilie

Anders sieht es bei den Kelchen aus. Der Ritter gleicht seinem Vater, er ist genauso geschützt und sicher unter seiner Rüstung. Er geht aber einen Schritt weiter als sein Vater — er öffnet sich wie sein jüngerer Bruder anderen Menschen und bietet ihnen seine Liebe an.

In der beschützten Atmosphäre der Kelche lernen die Kinder, liebevoll miteinander zu spielen, zu teilen und auf andere Menschen zuzugehen.

Die Münzfamilie

In der Familie der Münzen, haben die Kinder alles bekommen, was menschenmöglich ist. Ihr Heim war zu harmonisch, zu ruhig und zu perfekt: Sie können wie die Kinder aus der Schwerterfamilie nicht miteinander spielen. Weder die Eltern brauchen die Kinder, noch umgekehrt. Jetzt müssen sie sich vom Heim lösen und alleine mit dem Geschenk, das sie bekommen haben, ihren Weg gehen.

Einführung in das Kleine Arkanum

In den Karten des Kleinen Arkanums ist eine Vielfalt von Bedeutungen verborgen, von denen wir nachfolgend nur einige anbieten können.
Waite war der erste, der sie mit symbolischen Bildern ausschmückte, vorher existierten diese Karten nur in der uns allen bekannten Spielkartenform. Sie haben nicht die gleiche symbolische und archetypische Bedeutung wie die Karten des Großen Arkanums, sind jedoch reich an figurativen Anreizen und drücken Beispiele alltäglicher Lebenssituationen aus.
Das Kleine Arkanum ist unterteilt in vier Reihen, jeweils mit einer Kartenanzahl von Eins bis Zehn und den vier Hofkarten — Bube, Ritter, Königin und König.

Die Zahlen

Eins, As

Das As ragt aus allen Karten hervor, denn von der Eins stammen alle anderen Zahlen ab. Wann immer ein As auftaucht, drückt es eine starke Energie aus, denn es ist der klarste Ausdruck der ganzen Reihe. Es wird in Zusammenhang gebracht mit Kreativität, dem Anfang, Individualität. Die Asse sind die Grundausrüstung des Magiers — der Inhalt im Beutel des Narren. Das As ist der Punkt.

Zwei

Die Zwei ist die Verkörperung der Idee der Teilung, der Dualität. Sie drückt alles Negative und Positive aus, das je geschehen kann. Die Zwei ist die Linie.

Drei

Diese Zahl symbolisiert die Synthese, Fruchtbarkeit, Trinität. Die Drei ist die Fläche.

Vier

Die Vier ist das grundlegende Symbol für Materie, das Quadrat, der Kubus. Sie steht für die materielle Welt, für Volumen, Dichte, Stabilität, aber auch für Stagnation, Lethargie, Unbewegtheit. Die Vier ist der Raum.

Fünf

Die Fünf symbolisiert eine neue Entwicklung: Dynamik — die Materie wird um den Zeitfaktor erweitert, sie bewegt sich.

Sechs

Die Sechs steht für das Bewußtwerden der Vergangenheit, Gegenwart und Zukunft.

Sieben

Die Sieben symbolisiert eine Krise, Unsicherheit, Instabilität.

Acht

Die Acht ist ein Symbol für den Zyklus, für den Fluß und Rückfluß, für Veränderung und Tod.

Neun

Die Neun steht für Fülle, den Gipfel eines Prozesses.

Zehn

Die Zehn ist der Höhepunkt der Reihe, der Abschluß eines Prozesses, ein neuer Punkt.
Im folgenden erzählen wir eine kurze Geschichte über die vier Teile des Kleinen Arkanums und gehen danach auf die einzelnen Karten ein.

Die Schwerter

Am Anfang ist der Geist (1), der sich hell und klar durchsetzt, der trennt und analysiert; ein Ausgangspunkt, der bereits Trennung, Spaltung impliziert; geteiltes Ich (2), verschlossenes Herz, das, wenn es sich öffnet, erst einmal Leiden (3), Liebesqual und Eifersucht durchstehen muß. Dem folgt Depression (4), Lethargie, Einsamkeit, die Unfähigkeit, miteinander ein heiteres Verhältnis zu haben; Kämpfe (5), Verlassenheit, die Schuld den anderen geben, versuchen zu betrügen; es bleibt nur noch die Flucht (6), das Suchen nach anderen Ufern, aber auch auf der Flucht nimmt man seine eigenen Qualen mit. Man versucht sich anzupassen (7), sucht im Unglück die Freude, ist schadenfroh den anderen gegenüber, versucht, sie zu verraten, sie auszunutzen. Dabei ist man jedoch nicht der Klügere (8), der Verstand hält gefangen und das Erlebnis des Alptraums (9) währt bis zum bitteren Ende, dem Tod durch das Schwert (10), der gleichzeitig einen neuen Morgen ankündigt.

Die Stäbe

Aus dem Dschungel der Schwerter kommt man in den Wald, der voller Versprechungen und Keimlingen (1) ist; der Stab als Zepter, der im Gegensatz zum Schwert nicht mehr verletzt; auf den man sich stützen kann, der als Reisestab dienen kann; und es wird tatsächlich eine Reise geplant (2), du willst ausziehen, die Welt erforschen. Die Reise ist real (3), du bist auf halbem Wege und mußt dich dem Unbekannten stellen. Du kommst an einen Ort (4), wo du eine Gemeinschaft findest, in einem Haus auf dem Land, Freunde, Freude, Fest; doch die Beziehungen erweisen sich als problematisch (5), sie sind reich an Spannungen, Auseinandersetzungen, solange du nicht bereit bist, zusammen ein Ziel, ein Ideal zu finden (6). Letztendlich aber findet man sich im Kampf allein wieder (7), man erlebt eine Identitätskrise, hält durch, widersteht, verteidigt sich und entdeckt schließlich in sich selbst reine Energie (8). Großes Mißtrauen, Angst vor all den gesammelten Stäben ist in einem (9), und endlich entschließt man sich, über seine Erfahrungen nachzudenken; man zieht die Ruder ins Boot, wirft den Anker und verbrennt die Vergangenheit (10).

Die Kelche

Man kommt vom Wald in den Garten, und öffnet sich nicht nur den Erfahrungen, sondern auch Gefühlen und Empfindungen. Man spürt das Fließen (1) und entdeckt die Liebe (2). Die Begegnung mit anderen wird zum Fest (3), und man sieht andere mit neuen Augen. Früher oder später kehrt man zur Einsamkeit zurück (4), man hält an, hat kein Vertrauen mehr. Man ist zufrieden mit dem, was man hat und spürt gleichzeitig Schuldgefühle, weil Möglichkeiten verschwendet werden (5). Man geht Begegnungen aus dem Weg und versucht in Träumen Zufriedenheit zu finden (6). Dieser Traum, ist er wahr oder nicht? (7) Erste Annäherung ans Magische, bis man sich entscheidet, alles aufzugeben (8) und auf die Suche nach dem Unbekannten zu gehen. Dann findet man die Wasserquellen in sich selbst (9), man öffnet sein Herz, ist bereit, Gäste einzuladen und spürt, daß aus Verliebtsein tiefe Liebe wird (10).

Die Münzen

Man ist zu Hause angekommen. Jetzt erst sieht man, was jenseits der Gefühlssphäre ist, die Energie (1), die Gott anbietet, die sich aber, kaum angenommen, teilt und Unentschlossenheit (2) verursacht. Man ist bereit, die Energie für eine höheres Ziel einzusetzen (3), man unterwirft sich einer Disziplin und klammert sich dann an Ergebnisse (4), wird zum Egoisten. Die Welt reißt einen in ihrem Aufruhr mit, zerstört die Sicherheit (5). Man verläßt den sicheren Rahmen und verliert sich, bis man bereit ist, bescheiden zu sein (6). ,,Was du gesät hast, wirst du ernten" (7), und man wird alles ernten, auch wenn man es noch umformen oder erarbeiten muß (8). Nur dann ist man wirklich reich (9) und erlebt das Gefühl, zu Hause angekommen zu sein (10).

Das Kleine Arkanum

Die Schwerter

Beachte bei den Schwertkarten immer den Himmel, er gibt dir klare Hinweise, was die jeweilige Karte aussagen möchte.

Schwert As

Eine strahlende, weiße Hand schaut aus einer Wolke hervor und hält den Knauf eines Schwertes fest in der Faust. Die Spitze des Schwertes wird von einer Krone mit einem Palmenwedel und einem Olivenzweig gekrönt. Im Hintergrund sehen wir eine karge Berglandschaft.
Das As der Schwerter steht für das Element Luft, für Denken und Unterscheiden. Es symbolisiert den Verstand, der sagt: „Ich denke, also bin ich", und „Ich will!" Das Schwert zerschlägt unsere Illusion und hilft uns, in emotionalen und verwirrten Momenten die Tatsache zu sehen und den Nebel zu lichten.
Es steht für Trennung — es ist das Schwert, das die Nabelschnur durchschneidet und so das Baby von der Mutter trennt.

Bedeutung

— Willenskraft, Verstand
— Schmerz
— „Nein" im Gegensatz zu „Ja"
— Stärke durch Widerstand
— unterscheiden und entscheiden
— Klarheit

Schwert II

Eine Frau in einem weißen Gewand sitzt auf einem grauen Sockel vor dem Meer. Sie hat verbundene Augen und kreuzt die Arme vor der Brust. In ihrer Hand trägt sie jeweils ein Schwert. Am Himmel scheint die Sichel des Neumondes.
Die Haltung der Frau zeigt, daß sie sich vor Gefühlen schützen möchte. Sie strahlt Angst und Ärger aus und wir können sehen, wie sie die Gefühle in ihrem Herzen mit ihren gekreuzten Armen abschneidet. Sie verschließt ihre Augen vor der Welt, ein Versuch, nach innen zu gehen. Sie scheint uns sagen zu wollen, daß wir sie in Ruhe lassen sollen! Sie schließt sich selbst aus.
Die zwei Schwerter: Benenne zwei Dinge, die dich blockieren.

Bedeutung

— Unfähigkeit, zu entscheiden
— das Gefühl, festgefahren zu sein
— Selbstschutz, Rückzug
— Angst vor Gefühlen

Schwert III

Ein rotes Herz wird von drei Schwertern durchbohrt. Das Rot des Herzens hebt sich deutlich vom grauen Himmel ab. Es regnet aus schweren Wolken. Das einzige Herz im ganzen Tarotspiel ist durchbohrt von Schwertern. Wenn wir diese Karte betrachten, spüren wir sofort den Schmerz, das gebrochene Herz. Es scheint, als ob wir erst diesen Schmerz in unserem Herzen spüren müßten, um es zu entdecken und wieder zum Leben zu erwecken.
Es tropft kein Blut aus den Wunden, der Schmerz ist alt, nicht neu. Das kann aber auch ein Hinweis sein, die Wunde völlig zu akzeptieren, und so den Schmerz zu transzendieren.
Ziehe drei Karten, was die drei Schwerter für dich bedeuten.

Bedeutung

— Schmerz, das gebrochene Herz
— alte Verletzungen
— Tränen, Katharsis
— Liebeskummer

Schwert IV

Ein Mann liegt mit zum Gebet erhobenen Händen auf einem Sarg. Ein Schwert ist auf dem Sarg abgebildet, drei weitere hängen an der Wand. Im Hintergrund leuchtet in wunderschönen Farben ein Kirchenfenster.
Der Mensch hat aufgegeben, er hat seine Gefühle endgültig begraben und unterdrückt. Er zieht sich völlig von den anderen Menschen zurück — er spürt aber keine wirkliche Stille in sich, sie ist voll kreisender Gedanken. Der Verstand gibt ihm keine Ruhe.
Manchmal brauchen wir den Rückzug für eine gewisse Zeit, um Verletzungen heilen zu lassen. So steht diese Karte auch für eine Zeit der inneren Betrachtung. Das einzig farbige in dieser Karte ist das Kirchenfenster, das uns positiv stimmt und den heilenden Aspekt betont. Eine Frau scheint ein Kind zu segnen.

Bedeutung

— Rückzug, Isolation
— Zeit der inneren Betrachtung, Heilung
— trügerische Stille, Meditation

Schwert V

Ein junger Mann steht im Vordergrund des Bildes. Er trägt zwei Schwerter erhoben in der linken Hand, auf eines scheint er sich mit der rechten Hand zu stützen. Im Hintergrund gehen zwei Menschen Richtung Meer. Zwei Schwerter liegen verstreut auf dem Boden. Der Himmel ist voller gezackter Wolken. Eine mysteriöse Karte! Es gibt den Sieger und die Besiegten, die gedemütigt,

beschämt und schwach den Ort des Kampfes verlassen. Es ist der Moment der Niederlage und der aufgewühlten verzweifelten Gefühle danach. Sogar der Himmel scheint dies widerzuspiegeln. Diese Karte strahlt ein starkes Gefühl des Schmerzes aus. Sie steht auch für die Gefühle, die wir empfinden, wenn wir verlassen werden.
Denke darüber nach, wo du dich in dieser Karte wiederfindest.

Bedeutung

— Verlust, Verlassenheit
— Beschämung, Demütigung
— das Schmerzhafte im Sieg, sowie in der Niederlage

Schwert VI

Wir sehen einen Fährmann, eine Frau und ein Kind in einem Boot. Sechs Schwerter stecken darin. Im Hintergrund liegt das Ufer.
Die Menschen, vielleicht eine Familie, fahren in eine ungewisse Zukunft. Das einzige, was ihnen geblieben ist, sind vergangene schmerzhafte Erlebnisse, Sorgen und Hoffnungen auf eine bessere Zukunft — symbolisiert durch die Schwerter.
Die Haltung der Frau deutet an, daß sie sich mit ihrer Situation, die wohl schon lange sorgenvoll ist, abgefunden hat. Sie scheint ihrem Schicksal ergeben. Sie geht durch eine schwierige Phase ihres Lebens.

Bedeutung

— Reise in eine ungewisse Zukunft
— alte Sorgen und Ängste, Hoffnungen
— Schicksalsergebenheit

Schwert VII

Ein Mann, der wie ein Clown aussieht, schleicht auf Zehenspitzen mit fünf Schwertern im Arm von dannen. Zwei Schwerter stecken noch im Boden vor

dem Zeltlager, das er verlassen hat.
Eine gefährliche Situation! Er fährt mit dem Auto und schaut gleichzeitig in den Rückspiegel — er geht in die Zukunft, schaut aber in die Vergangenheit. Er versucht sich aus einer Situation fortzuschleichen, einem Konflikt auszuweichen, aber dabei bleibt immer etwas zurück. Die zwei Schwerter stecken immer noch im Boden, er ist nicht frei von ihnen. Gleichzeitig schneidet er sich an den fünf Schwertern, die er in den Händen trägt. Er weiß nicht, wie man mit scharfen Schwertern, mit Schwierigkeiten umgeht. Er reagiert auf neue Konflikte mit alten Mustern, er geht nicht offen mit ihnen um und bleibt so auch alleine damit.

Bedeutung

— Vermeidung von Konflikten
— alte Reaktionsmuster
— List, Diebstahl

Schwert VIII

Eine Frau steht gefesselt und mit verbundenen Augen in einem Halbkreis von acht Schwertern. Im Hintergrund ist eine Burg zu erkennen. Ihre Füße stehen in Wasserlachen.
Sie hat ihre Heimat, die Burg verlassen, aber jetzt weiß sie nicht, was sie mit ihrer neu gewonnenen Freiheit tun soll. Sie hat immer noch das Gefühl, gefangen zu sein. Sie glaubt an ihre eigene Hilflosigkeit. Tatsächlich kann sie jederzeit die Fesseln abstreifen, sie sind nur locker um ihren Körper geschlungen, sie kann die Binde von ihren Augen nehmen und die Situation sehen, wie sie ist. Die Schwerter stecken zwar um sie herum im Boden, aber der Weg nach vorne ist völlig frei. Sie könnte die Verantwortung für ihre weiteren Schritte übernehmen.

Bedeutung

— Glaube an die eigene Hilflosigkeit und Schwäche
— die Illusion, gefangen zu sein
— Unfähigkeit, die Selbstverantwortung für das eigene Leben zu übernehmen
— Krise

Schwert IX

Eine Frau sitzt im Bett, die Hände vor dem Kopf zusammengeschlagen. Sie ist halb bedeckt mit einer Bettdecke, auf der Rosen und die Zeichen des Tierkreises zu sehen sind. In der schwarzen Luft hängen neun Schwerter. Ihr Leben ist ein Alptraum geworden. Die Geschichte der Schwerter nähert sich ihrem Höhepunkt — es ist Zeit aufzuwachen! Ihre Sorgen und Ängste sind so groß geworden, sie scheint das Leiden der ganzen Welt auf sich nehmen zu wollen. Die Schwerter berühren sie nicht, ihr Leiden ist immateriell und kommt aus ihrer Vorstellung. Für sie ist es höchste Zeit, ihre Sorgen und Gefühle auszudrücken — jedes einzelne Schwert zu benennen, beim „kleinen", sie betreffenden Problem zu bleiben, und sich nicht mit abstrakten, weit entfernten „Leiden der ganzen Welt" zu verlieren. Das Potential, die Lebendigkeit und Energie für einen Neubeginn sind da — symbolisiert durch die Rosen auf ihrer Bettdecke.

Bedeutung

— Alptraum und Verzweiflung
— quälende Gedanken und Sorgen
— Zeit zum Aufwachen
— entdecke dein Potential

Schwert X

Ein Mensch liegt mit dem Bauch auf dem Boden an einem Ufer. Der schwarze Himmel reißt auf und Helligkeit, strahlendes Licht zeigt sich am Horizont.
Jetzt ist es geschehen! Die Grenzen des Verstandes sind erreicht. Schlimmer kann es nicht mehr werden. Der Kampf ist endlich beendet, die Nacht ist vorbei, und der Tag bricht an.
Es ist keine Karte für den körperlichen Tod, sondern für den Tod des Verstandes. Mit ihm kommt unweigerlich Entspannung, Schönheit, Liebe, Freude und Lachen, Licht.

Bedeutung

— das Ende des Verstandes
— gib den Kampf auf
— wenn das Äußerste erreicht ist, geschieht Entspannung, entsteht Schönheit
— aus der Dunkelheit zum Licht

Die Stäbe

As der Stäbe

Eine strahlende Hand, die aus einer Wolke kommt, hält einen Stab mit grünen Blättern. Die Hand zeigt im Gegensatz zum As der Schwerter mit ihrer Innenfläche zum Betrachter. Im Hintergrund sehen wir eine schöne Landschaft mit einem Fluß, einer Burg und Berge.
Die Kälte des Schwertes ist durch etwas Lebendiges ersetzt worden. Der Stab ist ein frischer Ast, an dem grüne Blätter sprießen.
Das As der Stäbe steht für das Element Feuer, für den Phallus, für männliche Energie, für die Kraft zum Wachsen. Es ist der Stab des Magiers.
Im Gegensatz zum „Ich will!" des Schwertes, das aus dem Verstand kommt, ruft es lebendig und voller Energie „Ich möchte". Es ist der magische Wille.
Du ergreifst Gelegenheit, du nimmst dein Leben verantwortungsvoll in deine Hände. Das As der Stäbe strahlt Wärme und Kraft aus.

Bedeutung

— neue Lebenskraft, Wachstum, Entwicklung, Lebendigkeit
— der Phallus, die männliche Kraft
— Selbstverantwortung und Entscheidung
— Frühling

Stäbe II

Ein Mann steht auf dem Ausguck einer Burg und blickt über eine Berg- und Meereslandschaft. In der linken Hand hält er einen Stab, zu seiner rechten sehen wir einen anderen, der an der Mauer befestigt ist. In der rechten Hand

hält er eine Weltkugel. Zu seiner linken sehen wir gekreuzte Rosen und Lilien, die in die Mauer eingraviert sind.
Er hat alles erreicht, was er wollte: Er hatte Erfolg, er schuf sich Besitz, er war Herr seiner eigenen kleinen Welt. Und was nun? Es erfüllte ihn nicht mehr. Es gibt eine größere Welt, die auf ihn wartet.
Feuer — symbolisiert durch die beiden Stäbe — ist nicht lange zufrieden mit dem, was erreicht wurde. Es kennt keinen Stillstand, es möchte wachsen. Und er spürt, daß es sinnlos ist, Erfüllung in der Zukunft zu suchen. Die Rosen und die Lilien stehen für Wiedergeburt und Licht, Bewußtheit.

Bedeutung

— Erfolg gibt keine Erfüllung
— lebe nur in der Gegenwart, nicht in der Zukunft
— Unentschlossenheit, Abwarten

Stäbe III

Ein Mann steht mit dem Rücken zum Betrachter auf einem Hügel und blickt auf ein golden schimmerndes Meer, auf dem Schiffe vorbeiziehen. Drei Stäbe sind um ihn herum eingepflanzt. Mit der rechten Hand hält er einen der Stäbe.
Er ist auf der Suche nach Neuem, nach dem Unbekannten, nach einer größeren Realität. Er möchte am Spiel des Lebens teilnehmen und ist bereit, etwas zu riskieren. Er ist bereits einen großen Teil des Weges gegangen und ist jetzt am Meer angekommen. Das Meer steht für die Weite des Universums, die Einheit, das Ganze. Alle Flüsse enden letztlich im Meer.
Er betrachtet mit Zufriedenheit die vorbeiziehenden Schiffe — Erinnerungen an sein vergangenes Leben. Er läßt sie ziehen, er läßt sie los, um frei von ihnen ganz in das Neue eintauchen zu können.
Er steht einfach da und beobachtet, er strahlt Ruhe und Kraft aus, er lebt im Moment, er ist wach. Er kommt von den Gebirgen des Himalaya und ist bereit, meditativ in der Welt, mitten im Marktplatz zu leben.

Bedeutung

— Suche nach Neuem, Unbekannten
— warten auf den richtigen Augenblick
— betrachten und loslassen der Vergangenheit
— Ruhe und Kraft, Wachheit

Stäbe IV

Als Betrachter sind wir eingeladen, durch den Torbogen aus Stäben und Girlanden in die Karte hineinzugehen. Zwei tanzende Menschen heißen uns mit erhobenen Armen willkommen. Im Hintergrund sehen wir eine Burg oder eine mittelalterliche Stadt.
Diese Karte ist eine Einladung, mitzufeiern, zu lachen und zu tanzen. Das Leben ist erst wert, gelebt zu werden, wenn es zu einer großen Feier geworden ist.
Die Tür ist offen, wir sind überall willkommen. Es ist ein guter Moment, uns verschiedenen Gruppen anzuschließen, unsere Energie mit anderen zu teilen, auf andere einzugehen und die Grenzen, die wir anderen gegenüber aufgebaut haben, fallen zu lassen.

Bedeutung

— Feiern, Optimismus, Positivität
— Lebensfreude
— das Leben ist ein Fest
— du bist willkommen

Stäbe V

Fünf Jugendliche, jeder mit einem Stab in der Hand, kämpfen miteinander. Der Kampf wirkt leicht, wie ein Scheinkampf, ein gestellter Kampf. In dieser Karte sehen wir, daß das Element Feuer nicht stillstehen kann, seine Energie ist die Bewegung, die Dynamik.
Die Jugendlichen kämpfen wie Kinder aus Übermut, aus reiner Freude an

der überschäumenden Energie, die sie spüren. Es ist die Freude des Wettkampfes, des Vergleichs mit anderen — sie sind nur am Spiel interessiert, nicht am Siegen, oder daran, andere zu verletzen.
Manchmal können wir in ihnen auch die verschiedenen ,,Ichs" sehen, die so oft in uns selbst miteinander kämpfen. Jedes sagt etwas anderes, jedes hat eine andere, bessere Idee. Wir haben keine Richtung, wir können nicht vorwärts gehen, wir sind unklar und unentschieden.

Bedeutung

— Freude an reiner Energie, Übermut
— Wettkämpfe, Vergleich mit anderen
— verschiedene ,,Ichs", Ideen kämpfen miteinander
— die Energie geht nicht in eine Richtung
— Unentschlossenheit

Stäbe VI

Wir sehen einen Siegeszug. Der Sieger reitet mit stolzer Haltung auf einem schönen Pferd. Auf seinem Kopf trägt er einen Lorbeerkranz, ein anderer schmückt den Stab, den er in der rechten Hand trägt. Neben ihm sehen wir Menschen, die ebenfalls Stäbe tragen und ihn begleiten. Der Sieger strahlt Erfolg und Optimismus aus. Er weiß, daß er ,,gut" ist — er strahlt die Stärke und Zuversicht eines Führers aus. Seine Positivität zieht Erfolg und Glück an. Er scheint gute Nachrichten zu bringen. Unter den Menschen um ihn herum herrscht Aufregung und Freude.

Bedeutung

— Sieg, Führerschaft
— Optimismus, Positivität
— Selbstsicherheit, Zuversicht
— Anerkennung in der Welt

Stäbe VII

Ein Mann hält voller Angst einen Stab quer vor seine Brust. Er steht breitbeinig und stark vor einem Abgrund. Im Vordergrund des Bildes ragen ihm sechs Stäbe entgegen?
Wird er aber tatsächlich angegriffen? Die sechs Stäbe können ihn nicht erreichen — er kämpft gegen Geister.
Er ist so daran gewöhnt, zu kämpfen, sich zu verteidigen, daß er die Situation, wie sie wirklich ist, nicht mehr erkennen kann. Er agiert nicht, er stellt sich nicht neu auf jede Situation ein, er reagiert wie eine Maschine. Wir drücken auf diesen bestimmten Knopf, und jedesmal kommt dieselbe Reaktion!
Sein Körper ist durch das Kämpfen kräftig geworden, so fühlt er sich auch nur im Kampf stark. Was würde ihm wohl geschehen, wenn er aufgibt? Er geht den Weg des Kriegers, er ist ein Samurei.

Bedeutung

— Selbstverteidigung, Angst vor Verletzlichkeit
— Stärke, die nur im Kampf gefühlt wird
— Standfestigkeit
— Weg des Kriegers, Aikido

Stäbe VIII

Acht Stäbe fliegen über einer offenen Landschaft durch den blauen Himmel. Auf der Karte sind keine Menschen zu sehen. Es ist die Fotografie eines Augenblicks, des Hier und Jetzt. Alles ist offen.
Es sind acht Stäbe, und die Zahl 8 steht für die Unendlichkeit. Jeder einzelne Moment ist ohne Vergangenheit und ohne Zukunft, unendlich. Laß dich vom Wind tragen, halte dich nirgendwo fest.

Bedeutung

— der Augenblick, die Unendlichkeit
— Vertrauen, getragen werden
— eine offene Situation, Ungebundenheit
— leben ohne Vergangenheit und Zukunft

Stäbe IX

Ein kräftiger Mann steht mit einem Stab in der Hand vor einer ganzen Reihe von Stäben. Um den Kopf trägt er eine Binde.
Er kennt noch den Kampf, er ist voller Mißtrauen und sieht nur noch Feinde. Jede Anstrengung einer Auseinandersetzung nimmt er als Anlaß loszuschlagen. So übernimmt er nicht einmal die Verantwortung für sein Tun. Es sind immer „die anderen", niemals er selbst. Er hat keinerlei Bewußtsein darüber, daß er seine eigene Welt kreiert und damit jede Situation, in die er gerät.
Er hat zuviel Energie und weiß nicht, wie er sie positiv oder kreativ einsetzen soll. Er kennt keine Bewußtseinsebenen, die jenseits von Konflikten liegen.

Bedeutung

— Bereitschaft, jederzeit zu kämpfen
— er kennt nicht seine Selbstverantwortung
— destruktive Energie, Angstneurose

Stäbe X

Ein Mann mit kräftigen Armen und Beinen trägt ein ganzes Bündel Stäbe vor sich her. Er vergräbt seinen Kopf darin.
Er hat sich, getrieben vom Wunsch nach Bewegung und Dynamik, in zu große Verantwortung und zu viele Verpflichtungen gestürzt. Sie drücken ihn zu Boden, aber er läuft und läuft und weiß schon nicht mehr wohin. Warum rennt er denn so? Er brauchte nur anzuhalten, dann würde er spüren, was er alles mit sich schleppt, und er könnte entscheiden, ob das die richtige Art ist, seine Schwierigkeiten „auszutragen". Es ist an der Zeit, das ganze Bündel fallenzulassen und zu schauen, wo man wirklich ist. Man ist genug gerannt, hat genug gekämpft und sich angestrengt. Energie kann nicht mehr richtig eingesetzt werden; vor lauter Belastung sieht man nichts mehr.

Bedeutung

— zuviel Verantwortung und Verpflichtung
— blinde Anstrengung
— Ziellosigkeit
— Suche Distanz zu deiner Situation — Geh in Ferien!

Die Kelche

Nach den schmerzvollen Schwertern und den dynamischen Stäben sind wir nun bei den empfänglichen, aufnehmenden „Kelchen" angekommen. Sie symbolisieren Gefühle, Friede, Sanftheit, Freundschaft — das weibliche Prinzip. Geben aus reinem Überfluß.

As der Kelche

Die Hand, die aus den Wolken kommt, ist zum ersten Mal geöffnet. Sie hält einen goldenen Kelch, aus dem sich Wasser in einen See mit Seerosen ergießt. Über dem Kelch schwebt eine weiße Taube, die in ihrem Schnabel eine weiße Scheibe hält, in der ein Kreuz eingraviert ist.
Das As der Kelche steht für das Element Wasser und für überfließende Liebe. Beziehungen werden geknüpft, die sehr unerwartet sind. Jemand taucht auf, mit dem nicht gerechnet worden ist.

Bedeutung

- Gefühl, Empfänglichkeit
- Weiblichkeit
- Liebe und Freundschaft
- ein unerwartetes Geschenk
- das Spirituelle im Materiellen
- der Heilige Gral

Kelche II

Zwei Liebende stehen sich gegenüber, jeder hält einen Kelch in der Hand. Über ihnen erhebt sich ein geflügelter Löwenkopf, darunter sehen wir zwei

Schlangen, die sich um einen Stab winden.
Die beiden Menschen gehen behutsam aufeinander zu, es ist der Anfang einer Liebe und Freundschaft. Wenn zwei Energien zusammenfließen, zwei Wesen, die sich lieben, eins werden, entsteht etwas neues Drittes, symbolisiert durch den geflügelten Löwen. Dieses Neue ist größer, stärker, weiser als jeder einzelne von ihnen.

Bedeutung

— Liebe und Freundschaft
— das behutsame Aufeinanderzugehen
— der Beginn einer Liebe
— Verschmelzung

Kelche III

Drei in lange Gewänder gekleidete Frauen tanzen miteinander, die Kelche in ihren erhobenen Händen. Sie bilden einen Kreis. Zu ihren Füßen liegen Gebinde aus Früchten.
Es ist Zeit, miteinander zu feiern. Das Bild drückt die Liebe und Freude aus, die wir mit vielen Menschen teilen. Die Früchte, die auf der Erde liegen, zeigen uns die Fülle und den Reichtum, den uns die Natur bietet. Eine Erinnerung daran, daß sie voller Schönheit und Geschenke ist.

Bedeutung

— Unbeschwertheit, Leichtigkeit
— Leben, Lieben, Lachen
— das Teilen unserer Freude mit anderen
— die Schönheit und die Geschenke der Natur

Kelche IV

Ein junger Mann sitzt mit verschränkten Armen unter einem Baum. Aus einer Wolke wird ihm ein Kelch geboten, vor ihm stehen drei weitere. Er blickt zur Erde.

Er spielt das beleidigte Kind, das getröstet werden möchte. Ein Geschenk wird ihm angeboten, das er wahrscheinlich nicht einmal wahrnimmt. Er ist gelangweilt von seinem Leben. Er betrachtet die drei Kelche vor sich, aber nichts interessiert ihn mehr. Seine Frage ist: ,,Wozu etwas tun?". Es ist der Versuch, Langeweile zu einer Meditation zu machen. Aber das ist bei den Kelchen die Gefahr, apathisch zu werden, Passivität und die wache Aufnahmebereitschaft mit Interesselosigkeit zu verwechseln.
Es ist kein wirkliches In-sich-gehen, sondern nur ein trotziges Sich-zurückziehen.

Bedeutung

— das Leben ist voller Geschenke, Möglichkeiten, Gelegenheiten
— Langeweiler, trauriger Meditierer
— Trotz und Interesselosigkeit
— ,,Das Gras wächst von allein"

Kelche V

Ein Mensch, der in einen schwarzen Umhang gehüllt ist, betrachtet drei umgekippte Kelche. Hinter ihm stehen zwei andere. Im Hintergrund sehen wir eine Burg und eine Brücke, die über einen Fluß führt. Hinter ihm stehen Kelche, die er erst sehen kann, wenn er sich umdreht, wenn er mit dem Verlust der Vergangenheit abgeschlossen hat. Erst dann kann er weitergehen, über die Brücke, in eine neue Zukunft.
Solange er wegen vergangener Ereignisse betrübt ist, ist er blind für das Neue.

Bedeutung

— Trauer, Trennung, Verlust
— abschließen mit Vergangenem
— eine 180-Grad-Wende ist notwendig.

Kelche VI

In einem Schloßgarten überreicht ein kleiner Junge einem Mädchen mit liebevoller Geste einen Kelch, aus dem eine offene weiße Blüte ragt. Weitere fünf Kelche finden wir auf dem Bild verstreut.
In einem geschützten Raum können wir uns erlauben, wie ein Kind zu sein. Wir können offen und verletzlich sein, unschuldig und voller Vertrauen. Wenn wir dem inneren Kind, das in jedem von uns schlummert, erlauben nach außen zu treten, sehen wir die Welt wieder neu, voller Staunen, Dankbarkeit und Liebe.

Bedeutung

— wir betrachten die Welt mit den Augen eines Kindes
— Verletzlichkeit, Offenheit, Vertrauen
— das Wunder der Schöpfung
— Kindheit, oder das innere Kind in jedem von uns

Kelche VII

Eine schwarze Gestalt, die uns den Rücken zuwendet, blickt auf sieben Kelche, die in einer grauen Wolke schweben. In jedem der Kelche finden wir ein Symbol.
1. Was ist Realität, was ist Illusion? 2. Wer bin ich?
Wir sind uns bewußt, daß Dinge, die „real" aussehen, es nicht sind, und daß Phänomene, denen wir jegliche Realität absprechen, durchaus „real" sind. Was verbirgt sich hinter der verdeckten Gestalt?
Die Kelche symbolisieren unsere Wünsche: Reichtum (der Schmuck), Besitz (das Schloß), Erfolg (der Lorbeerkranz), Erleuchtung (die scheinende Gestalt in der Mitte) sowie die Ängste, die damit verbunden sind: Armut, Mißerfolg, das kollektive Unterbewußtsein (das Monster) und Sex (die Schlange).
Wenn wir tief in die Natur der Wünsche eindringen, erkennen wir, daß wir sie niemals erfüllen können. Sie betreffen immer Äußerlichkeiten: ein Haus, Schmuck, eine gut aussehende Frau, Erfolg . . . und wirkliche Erfüllung erleben wir nur, wenn wir die Reise nach innen antreten, wenn wir zu Hause angekommen sind.

Bedeutung

— Träume und Illusionen
— Wünsche und deren Frustration
— „Wer bin ich?"
— suche die Erfüllung in dir

Kelche VIII

Ein in rot gekleideter Mann wandert, auf einen Stab gestützt auf die Berge im Hintergrund zu. Im Vordergrund stehen acht Kelche in einer Doppelreihe: Es sieht aus, als ob einer fehlt. Der Vollmond — die Sichel mit der runden vollen Scheibe — leuchtet vom nächtlichen Himmel herab.
Alle Kelche stehen aufrecht, keiner ist umgefallen, trotzdem geht er wieder auf die Suche. Er verläßt eine reiche und gefestigte Situation — die acht Kelche —, aber einer scheint zu fehlen, mehr scheint möglich zu sein. Die Mondsichel und die volle runde Scheibe, die eine Einheit bilden, sagen uns, daß nach der Fülle die Leere kommt und nach der Leere die Fülle . . . Und so läßt er volle Kelche zurück. Er ist nicht unzufrieden, aber irgend etwas scheint ihn zu rufen. Er sucht die vollständige Befreiung, Erleuchtung. Vielleicht spürt er auch, daß eine Situation zu Ende geht und bricht auf, bevor ihn das plötzliche Ende mit voller Wucht trifft. Er muß gehen, seiner Energie folgen, die sich bereits auf dem Weg ins Unbekannte befindet. Die Karte erinnert an den „Einsiedler" (IX).

Bedeutung

— mehr ist möglich, Fülle und Entsagung
— zurücklassen, loslassen von bereits Erworbenem
— die Suche geht weiter
— folge deiner Intuition
— ein Ruf, Sehnsucht

Kelche IX

Ein rundlicher, weißgekleideter Mann sitzt mit verschränkten Armen auf einem Hocker. Er sitzt vor einem Halbkreis aus neun Kelchen.
Er möchte nichts wissen von Entsagung, Selbstdisziplin oder Wachstum durch Anstrengung. Er hat viele schöne Dinge angesammelt, viele Diploma erworben, gute Weinflaschen gelagert. Er sitzt zufrieden auf seinem Hocker und genießt lieber das Nichts-Tun. Er liebt das Feiern.
Er ist glücklich und weiß, daß er etwas zu geben hat — sein selbstzufriedenes Lächeln zeigt uns, daß er es gewohnt ist, daß andere auf ihn zugehen. Er hat es nicht nötig, das Risiko auf sich zu nehmen, den ersten Schritt auf andere zugehen zu müssen. Das Geben wird zum schelmischen, spielerischen „Handel".

Bedeutung

— das „gute" Leben feiern
— „Zorba the Buddha", Nichtstun
— Selbstzufriedenheit, Arroganz
— man sitzt auf dem, was man hat
— Ängstlichkeit, auf andere zuzugehen

Kelche X

Ein glückliches Paar betrachtet mit erhobenen Armen einen Regenbogen, der mit 10 Kelchen geschmückt ist. Neben ihnen tanzen zwei Kinder. Das Bild zeigt uns ein glückliches Familienleben. Es steht symbolisch für jeden Ort, für jede Gemeinschaft, in der wir fühlen, daß wir „zu Hause" sind. Die zwei Erwachsenen betrachten das Wunder des Regenbogens und sehen darin Geschenke, die uns das Leben bringt: Liebe, Freude, Glück, Erfüllung. Sie sind dankbar dafür, denn sie kennen auch die andere Seite. Sie sind bereits durch die Zustände der Schwerter und Stäbe gegangen. Sie kennen das Leid, während die Kinder Glück und Freude am Leben erwarten. Sie schauen einander in die Augen und beachten den Regenbogen nicht.
Die Karte steht für Liebe und Glück als Geschenk. Wir können uns diese Liebe nicht „verdienen" oder „erarbeiten".

Bedeutung

— Liebe und Glück als Geschenk
— Erfüllung durch die Liebe, Erfüllung in der Gemeinschaft
— Dankbarkeit und Anerkennung
— Zufriedenheit

Die Münzen

As der Münzen

In der goldenen Hand, die aus einer grauen Wolke herausreicht, liegt eine goldene Münze. Darunter befindet sich eine gepflegte Gartenlandschaft mit blühenden Rosenhecken und weißen Lilien. Ein Weg führt durch ein Gartentor zu hohen Bergen im Hintergrund.
Das As der Münzen verkörpert das Element Erde. Der fünfzackige Stern, den wir in der Münze sehen, ist ein Pentagramm. Jede Spitze des Sterns steht für ein Element: Feuer, Erde, Wasser, Luft und Äther. Die Spitze zeigt direkt nach oben zur Wahrheit, zum Göttlichen. Die Energie Gottes, die in der ganzen Existenz pulsiert, teilt sich auf in die fünf Elemente. Es sind verschiedene Arten von Kräften — die Kraft des Wassers hat eine andere Qualität als die Kraft der Erde, des Materiellen, Festen: Und so finden wir in jedem Geschenk, in jedem Grashalm, in jedem Baum und in uns selbst das Göttliche.
Wenn wir das erkannt haben, sind wir aus dem Garten durch das Tor in die Freiheit gegangen. Die Berge scheinen im Hintergrund — wir haben erkannt, daß wir nichts wissen. Die Welt ist voller Wunder, sie ist ein Mysterium. Wir wissen nicht warum und woher die Geschenke kommen und wann sie wieder genommen werden. Nimm sie an, akzeptiere sie und lerne, sie auch wieder loszulassen.

Bedeutung

— das Leben als Mysterium
— die fünf Elemente als Manifestation der göttlichen Energien
— wir und alles um uns herum ist göttlich
— das Akzeptieren und Loslassen von Geschenken
— das „Ja“

Münzen II

Ein Jongleur, ein Gaukler spielt mit zwei Münzen, die mit einem Band in Form einer Acht verbunden sind. Im Hintergrund tanzen Schiffe auf den Wellen des Ozeans.
Er spielt mit verschiedenen Alternativen und Möglichkeiten und bleibt dabei in seiner Mitte zentriert. Er läßt sich nicht aus dem Gleichgewicht bringen. Er hat seine Unentschlossenheit völlig akzeptiert. Es ist mal so und mal so — das Eine kommt, das Andere geht. Er ist offen für jede neue Situation.
Die Wellen des Meeres, die seine Gefühle ahnen lassen, sind stürmisch, und er reitet wie ein Wellenreiter auf ihnen, er geht wie die Schiffe mit jeder Bewegung mit. Er geht nicht in seinen Gefühlen unter, sondern bleibt der Beobachter.

Bedeutung

— der Lebenskünstler
— in seiner Mitte zentriert sein, Balance
— Unentschlossenheit, das Spielen mit Alternativen
— „Der Beobachter" seiner eigenen Launen und Gefühle

Münzen III

In einem kirchenähnlichen Gebäude sehen wir einen Bildhauer bei der Arbeit. Vor ihm stehen der Mönch und der Narr, die ihm einen Plan zeigen. Die Münzen bilden ein Dreieck.
Du bist dabei, an deinem Wachstum zu arbeiten. 2 Helfer sind da, die Empfehlungen geben können; es ist aber deine Sache, wie du deine Arbeit ausführst.
Der Künstler ist am Werk — in ihm verbindet sich technische Fertigkeit mit Kreativität und Liebe. Er gibt sein ganzes Sein in die Arbeit, er verwirklicht sich in ihr. Wenn die Energie in uns keinen kreativen Ausdruck findet, werden wir zerstörerisch.
Das Bild zeigt uns die Verbindung von Arbeit und Meditation. Die Menschen arbeiten in einem Team zusammen, sie leben in einer religiösen Ge-

meinschaft. Sie verfolgen keine persönlichen Ziele, sie arbeiten nicht wegen des Endergebnisses, sie leben mit ganzer Aufmerksamkeit im Moment. Sie sind erfüllt durch den Akt an sich, durch die Totalität und Hingabe, die sie dabei empfinden.

Bedeutung

— Kreativität und Liebe in der Arbeit
— Selbstverwirklichung, Totalität
— Arbeit als Meditation
— religiöse Gemeinschaft

Münzen IV

Ein Mann sitzt auf einem Sockel vor einer mittelalterlichen Stadt. Unter seinen Füßen, auf seiner Krone und in seinen Armen befindet sich eine Münze.
Er sitzt auf seiner Energie. Er hält seine Liebe und sein Geld fest. Er sieht aus, als ob er ständig darüber nachdenkt, ob er nun etwas geben soll, oder ob er es doch lieber behält. Und so verpaßt er eine Gelegenheit nach der anderen, sein Herz zu öffnen und mit anderen zu verschmelzen. Liebe, die wir nicht mit anderen teilen, wird „sauer".
Der Energiefluß nach außen ist blockiert. Er ist lieber einsam und geizig, als seine ökonomische Sicherheit auch nur um eine Winzigkeit schwinden zu sehen. Er leidet an Verstopfung.

Bedeutung

— der Geizhals
— festhalten an Sicherheit
— verpaßte Gelegenheiten, Einsamkeit
— geblockte Energie

Münzen V

Zwei Bettler — einer mit Krücke — gehen in einer Winternacht an einem hell erleuchteten Kirchenfenster vorbei, das mit fünf Münzen geschmückt ist.
Die Bettler haben sich so sehr mit ihrem Dasein abgefunden, daß sie nicht einmal mehr nach Gelegenheiten zur Veränderung suchen. Sie sehen sich selbst als Bettler, sie denken als Bettler, sie verhalten sich als Bettler. Und dieser Glaube ist es, der ihre Wahrnehmung einengt. Sie sehen nicht das warm erleuchtete Kirchenfenster, das Licht.
Selbst Probleme und Leid wollen wir festhalten, weil es bequemer ist, wenn wir uns nicht verändern. Auch sie geben uns Sicherheit. Im Moment gilt ihr Streben dem Überleben, und es bleibt nichts übrig für religiöse Werte. Essen ist die Nahrung für den Körper, wie Liebe die Nahrung für die Seele ist. Die Bettler haben von beidem nicht genügend.
Sie sind nur ein Stückchen entfernt von der Erfüllung. Alles ist da für uns. Wir müssen nur an die Türe klopfen.

Bedeutung

— Armut, Krankheit
— Zusammenhalt in schwierigen Zeiten
— festhalten an Problemen und Leid
— sich abfinden mit einer Situation

Münzen VI

Ein wohlhabender Mann hält Waagschalen in seiner linken Hand, während er mit seiner rechten Münzen an zwei Bettler verteilt.
Mit welcher Person kannst du dich identifizieren? Bist du der Gebende oder der Bettler?
Auf den ersten Blick sehen wir, daß Hilfe gegeben und angenommen wird. Der reiche Mann scheint selbstlos und großzügig. Er teilt seinen Reichtum mit anderen. Aber er gibt nicht ohne Überlegung, er mißt auf seiner Wertskala die Anzahl der Geldstücke ab, die er geben möchte.
Was hat er davon? Sein Ego wird genährt, er fühlt sich als guter Mensch,

den anderen überlegen. Es ist ein Dominanzspiel, das er spielt. Der Schwache braucht den Starken, so wie der Starke den Schwachen braucht. Sie bedingen sich gegenseitig. Beide sind selbstverantwortlich und können sich jederzeit entscheiden, ob sie das Spiel weiter mitspielen wollen.
Die Bettler sind weder „die armen Unterdrückten", noch ist der Reiche derjenige, der „selbstlos" gibt. Auch sie müssen den Preis für das, was sie erhalten, bezahlen — auf dieser Ebene gibt es nichts umsonst.

Bedeutung

— Geben und Annehmen von Hilfe
— Sozialarbeit
— Hierarchie, Dominanzspiel

Münzen VII

Ein junger Mann stützt sich auf einen Stab und betrachtet einen grünen Busch, den sieben Münzen zieren. Er trägt verschiedenfarbige Schuhe. Alles braucht Zeit zum Wachsen. Er hat die Samen gesät und wartet nun, ob sie sprießen. Er hat an sich selbst gearbeitet und fragt sich, ob er dabei gewachsen ist.
Wir alle sind wie Samen, voller Potential, aber wir müssen über den Samen hinauswachsen. Wir müssen ihn sprengen, und wir wissen nie, was dabei herauskommt. Wir müssen vertrauen. Es ist ein guter Augenblick, nichts zu tun, geduldig und wach zu sein, zu beobachten.
Der Mann auf der Karte scheint nicht wirklich daran zu glauben, daß etwas Schönes aus dem, was er gepflanzt hat, entsteht.
Er trägt verschiedenfarbige Schuhe, er steht „dazwischen": Er hat gearbeitet, aber er sieht noch kein Resultat. Zweifel plagen ihn. Vertraue — wenn du wirklich Rosen gesät hast, werden sie blühen.

Bedeutung

— abwarten, Geduld
— alles braucht Zeit, zu wachsen
— Vertrauen und Zweifel
— der Same als Potential

Münzen VIII

Ein Handwerker arbeitet mit Hammer und Meißel an einer Münze. Sieben andere sind schon fertig.
Er ist ein einfacher Mann. Er findet Erfüllung, indem er sich ganz der Arbeit widmet. Er ist völlig versunken, er und sein Werk sind eins. In dem Moment gibt es keine Anstrengung mehr, die Arbeit ist zum Spiel geworden. Aber er isoliert sich deswegen nicht von anderen Menschen. Im Hintergrund sehen wir die Stadt, die Gemeinschaft, in die er abends zurückkehrt. Das Bild strahlt die Schönheit aus, die wir in der Einfachheit finden, im Alltäglichen, Gewöhnlichen. Er hat erkannt, daß er nichts ,,Großartiges" leisten muß, seine Zufriedenheit hängt nicht vom Erfolg oder Mißerfolg ab. Darin liegt seine Freiheit.

Bedeutung

— innere Selbstdisziplin
— Arbeitsmeditation
— Arbeit ist Spiel
— Unabhängigkeit von Erfolg und Mißerfolg
— Schönheit in der Einfachheit

Münzen IX

Ein Mensch, der einen Falken auf seiner linken Hand trägt, steht allein in einem üppigen Garten. In den Weintrauben hinter ihm finden wir neun Münzen.
Er hat erreicht, was er erreichen wollte, sein innerer Reichtum stimmt mit dem äußeren überein. Er ist allein, aber nicht einsam, denn er vermißt den anderen nicht. Er findet die Erfüllung in sich. Und doch strahlt sein Gesicht keine Freude, sondern eine gewisse Trauer aus. Er wirkt eher bedächtig und gesetzt als unbeschwert und spontan.
Er hat *bewußt* den Weg gewählt, den er zu gehen hatte, und hat dabei viele Wünsche zurückgelassen. Er sieht klar, daß eine Entscheidung, einmal getroffen, gleichzeitig eine andere ausschließt.
Aus vielen Möglichkeiten kannst du in einem Moment nur eine wählen.

Wenn du den Weg des Alleinseins wählst, mußt du auf die Gesellschaft mit anderen verzichten. Er fühlt, daß seine Entscheidung für ihn richtig sind, und trotzdem ist ihm der Schmerz des Verzichts anzusehen. Er setzt seinen scharfen Intellekt — verkörpert durch den Falken — bewußt für sein Wachstum ein. Er zähmt ihn mit klaren Entscheidungen, die aus dem Herzen kommen.

Bedeutung

— Alleinsein
— innerer und äußerer Reichtum
— bewußter Verzicht
— Weisheit
— mit sich und der Umgebung in Einklang

Münzen X

Eine mittelalterliche Familienszene, zehn Münzen sind über das ganze Bild verstreut.
Willkommen zu Hause! Wir sind endlich angekommen. Das ist das Höchste, was wir an innerem Reichtum der Seele und äußerer, gesicherter, wohlhabender und friedlicher Position erreichen können.
Der alte Mann, der archetypische ,,Weise Alte" ist durch alle Karten des Kleinen Arkanums gegangen. Er hat alles gesehen und erlebt, was in einem menschlichen Leben passieren kann. Er hat jeder Situation erlaubt, ihn zu lehren.
Er sitzt außerhalb des Hofes und beobachtet das Geschehen. Das junge Ehepaar beachtet ihn nicht. Sie sind gerade mit ihrer eigenen Situation beschäftigt. Der Alte kann sehen, daß dieses Leben, obwohl wir es als gesichert und fest betrachten, nur ein Spiel ist. Und wir sind darin nur die Schauspieler.
Das Leben auf der Erde ist dazu da, uns mit Lernsituationen zu konfrontieren, durch die wir letztendlich erkennen, daß wir nichts erreichen müssen; daß wir bereits ,,zu Hause" angekommen sind, daß wir bereits göttlich sind. Wir haben es nur vergessen.
Aber solange wir nicht zum reinen Bewußtsein geworden sind, hören unse-

re Gedanken nicht auf, eine falsche Welt um uns herum zu schaffen. Jeder von uns schafft sich seine eigene magische Welt, seine eigenen Situationen und Probleme, und dann kommt es uns so vor, als wären wir darin gefangen. Wir schaffen uns unseren Himmel oder unsere Hölle selbst — bis wir eine dritte Möglichkeit entdecken.
Der Schöpfer von Himmel und Hölle — der Verstand — kann in den Ruhestand treten, und dieser Zustand ist Meditation. Erst dann sind wir bereit für das Unbekannte, das Mysterium, für die wahre Realität.

Bedeutung

— wir sind zu Hause angekommen
— Reichtum der Seele und äußere gesicherte Position
— der „Weise Alte"
— das Leben als Spiel

Einführung in das Spiel mit dem Tarot

Wir kennen jetzt das ganze Tarotdeck und die möglichen Bedeutungen der einzelnen Karten. Bevor wir mit den Spielregeln beginnen, ist es gut zu wissen und sich daran zu erinnern, daß es wichtig ist, beim Tarotspielen tief zu atmen.

Die Vorbereitung zu jedem Spiel ist das Mischen der Karten. Mische ganz vorsichtig und spüre dabei die Karten in der Hand. Eine weitere Möglichkeit ist es, drei Stapel vom Deck abzuheben und sie wieder anders zusammenzusetzen.

Breite dann die Karten vor dir so aus, daß sie in einem Halbkreis verdeckt vor dir liegen.

Schließe deine Augen, atme tief und stelle dir deine Frage ganz klar vor. Gehe dann mit der linken Hand über die ausgebreiteten Karten, bis du dich zu einer Karte hingezogen fühlst. Lege sie vor dich hin, drehe sie um und schaue sie dir genau an. Versuche zu formulieren, was sie dir zu sagen hat.

Wir sind Licht, Bewußtheit, Intelligenz, und auch Leben, Gefühle, Vitalität, unser Atem und unsere Augen.

Wenn du für jemand anderen die Karten liest, achte deshalb auf Folgendes: öffne deine Augen und atme tief. Die Augen müssen offen sein, weil du die Person vor dir genau anschauen mußt, bis du in tiefer innerer Kommunikation mit ihr bist. Das hat nichts damit zu tun, den anderen zu studieren, es ist einfach ein Sich-aufeinander-einstellen, ein Sprung in die eine gemeinsame Ebene. Schau die gezogenen Karte und die Person an und versuche, eine intuitive Verbindung zwischen ihr und der Karte zu finden. Dein Bewußtsein wird beim Betrachten intensiviert, und viel intuitive Information wird für dich verfügbar. Wenn du jemand anderem die Karten legst, spürst du seine tiefsten Gefühle. Und das hilft dir sehr . . . Laß deinen Gefühlen beim Tarotspielen freien Lauf, laß die Tränen fließen, bis das Lachen kommt und lache, bis die Tränen kommen.

Atmen ist das Wichtigste beim Tarotspielen, weil die verstärkte Atmung all die Gefühle hochbringen wird, die direkt über der Oberfläche sitzen. Das

Atmen macht dir deine Gefühle sichtbar. Wenn du durch all deine Gefühle hindurchgegangen bist, kannst du zu einer neuen Bewußtseinsebene kommen.

Laß allen Ernst beiseite, Leben ist nicht ernsthaft, es ist ein großes Schauspiel — und Tarot ist das Spiel im Spiel.

Wenn du das Tarot befragst, sei ehrlich. Das Tarot verhält sich zum Leben wie Monopoly zum richtigen Geschäftsleben. Die Art, wie du Tarot spielst, zeigt dir, wie du mit deinem Leben umgehst, genauso wie du im Monopoly-Spiel erfahren kannst, was für eine Art von Geschäftsmann du bist. Das Tarot gibt dir jeweils das zurück, was du hineingegeben hast. Wenn du eine wahrhafte Antwort hören möchtest, dann gebe die Wahrheit hinein. Schaue nach dem Positiven in den Karten und halte dich nicht am Negativen fest.

Und die letzte Regel: Finde zuerst für dich selbst heraus, was dir deine gezogene Karte bedeutet, und schau erst dann in das Buch, um die Symbole noch besser verstehen zu lernen und Anregungen zur Interpretation zu bekommen. Das Tarot kann helfen, dich selbst zu sehen. Es bestätigt oder widerlegt dir das Bild, das du bisher von dir hattest. Die Antwort, die dir das Tarot gibt, ist ein Angebot, dich selbst neu zu sehen. Ob du dieses Angebot annimmst, bleibt dir überlassen, denn du mußt letztendlich selbst über dein Leben entscheiden.

Visualisierung

Ein guter Weg, tiefer in die Karten einzudringen, ist, die Augen zu schließen und sich die Karte mit dem inneren Auge ganz genau vorzustellen. Laß mit jedem Einatmen das Bild klarer vor dir entstehen. Dies kann bis zu einer dreidimensionalen Erfahrung gesteigert werden. Wenn die Szene in unserer Vorstellung groß genug geworden ist, kann man in das Bild eintreten, sich darin umschauen, in die Augen der Figuren schauen, mit ihnen reden, mit all seinen Sinnen den ganzen Raum um sich herum erforschen. Es ist auch möglich, in den Hintergrund der Szene zu gehen und von dort aus das Ganze zu betrachten. Am Ende der Visualisierung ist es gut, das Bild mit ein paar Atemzügen gehen zu lassen und zur Alltagsrealität zurückzukehren.

Träumen

Eine andere Möglichkeit ist es, sich vor dem Schlafen vorzunehmen, von einer bestimmten Karte zu träumen. Diese Imagination muß sehr klar sein und mehrere Male wiederholt werden. Wenn du am nächsten Morgen aufwachst, ist es hilfreich, sich mit geschlossenen Augen den ganzen Traum noch einmal vorzustellen, um ihn dann gleich aufschreiben zu können.
Im folgenden stellen wir verschiedene Spielmöglichkeiten vor, die teilweise aus der Tarottradition kommen. Diese festgelegten Spiele geben dir die Möglichkeit, die Intuition zu trainieren und Selbstvertrauen in diesem Spiel zu bekommen. Danach ist es leicht möglich, ohne feste Spielmuster mit dem Tarot umzugehen und den eigenen Gefühlen sowie der Spontaneität zu folgen.
Ein Wort über die „Zukunft". In einigen Spielregeln taucht die Zeitdimension Vergangenheit, Gegenwart und Zukunft auf. Es ist gut, sich dabei klar zu machen, daß Zukunft nicht real ist. Sie ist eine psychologische Dimension, nur die Gegenwart kann wirklich erfahren werden. Die Zukunft kann nur angedeutet oder vorgestellt werden, aber diese Vorstellungen sind ebenfalls ein Teil der Gegenwart. Die Zukunft kann nicht von außen bestimmt werden, sie liegt in unserer eigenen Verantwortung. Es gibt viele Möglichkeiten der Zukunft, weil es in der Gegenwart ständig Türen gibt, die man öffnen oder schließen kann. Jede Wahl in der Gegenwart eröffnet neue Möglichkeiten und Alternativen.

Legetechniken

Das Spiel mit drei Karten

Es ist eines der einfachsten Spiele und ist dann hilfreich, wenn man herausfinden will, wie man zu einer bestimmten Frage steht.

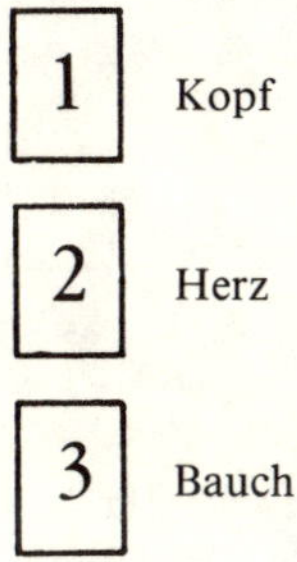

Die Kopfkarte repräsentiert das Denken, die bewußte Einschätzung der Frage. Die Herzkarte zeigt die Gefühle, das Unterbewußte. Die Bauchkarte ist die tiefste Ebene und enthüllt, was manchmal völlig unbewußt ist.

Das Spiel mit fünf Karten

Dieses Spiel ist geeignet, um das Für und Wider einer Situation zu klären, und daraus eine Handlung abzuleiten.

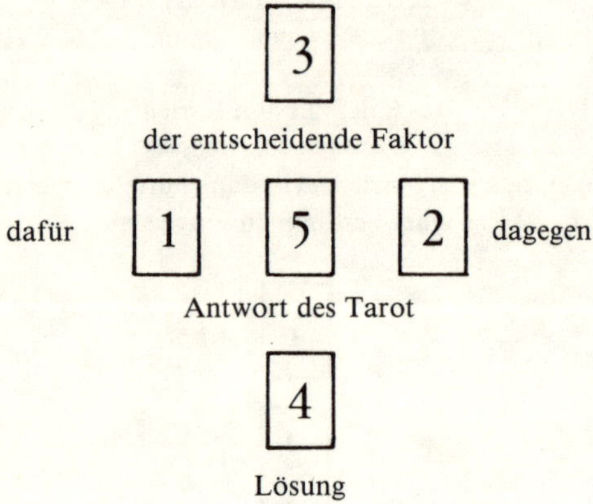

Die Karte (1) steht für alles, was für die jeweilige Situation spricht, die Karte (2), was dagegen spricht. Die Karte (3) repräsentiert den ,,Richter'', der zwischen den beiden entscheidet. Die Karte (4) schlägt eine Problemlösung vor.

Die Karte (5) erhält man folgendermaßen: Man addiert die Werte der vier vorliegenden Karten, wobei Bube, Ritter, Königin und König die Werte 11, 12, 13 und 14 haben. Wenn das Resultat höher als 22 ist, bildet man die Quersumme aus der Zahl, z. B. 14 + 12 + 6 + 9 = 41; 4 + 1 = 5. Das Ergebnis ist die Hauptkarte 5, der Hohepriester. Wenn das Resultat 22 ist, dann ist es der Narr. Diese Karte des Großen Arkanums gibt einen Hinweis zur Lösung des Problems.

Das Spiel mit sieben Karten

Dieses Spiel ist angebracht, wenn eine ganz konkrete Frage vorliegt. Die erste Karte repräsentiert den Einfluß der Vergangenheit auf uns, die zweite die Gegenwart, die dritte mögliche zukünftige Entwicklungen, die vierte die Antwort des Spiels, die fünfte die Menschen und Energien um den Fragenden herum, die sechste Hoffnungen und Befürchtungen in bezug auf die Situation, die siebte das mögliche Resultat.

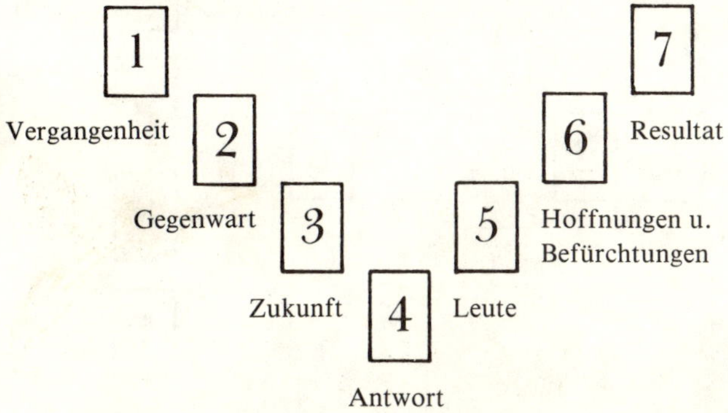

Das Spiel mit zehn Karten

Es ist ein Spiel, das sich weniger für eine konkrete Antwort eignet; es ist mehr ein Spiel für die Gesamtsituation des Fragenden.
Aus dem Bündel werden zehn Karten gezogen und nach folgendem Schema ausgelegt:

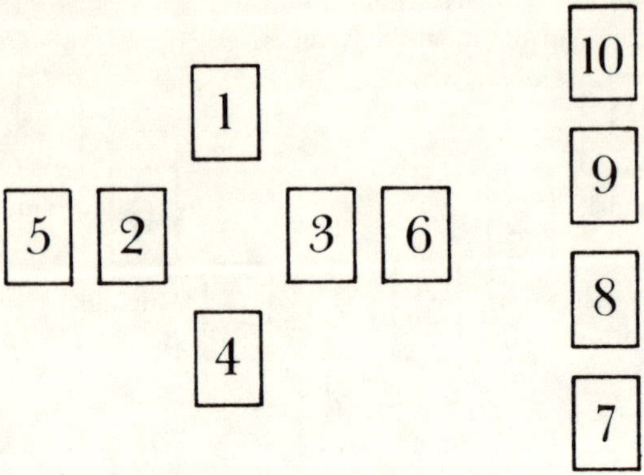

1 — Karte für den Verstand, das Bewußte
2/3 Karten für das Herz, Gefühle, Widersprüche, unterschiedliche Aspekte im Gefühlsbereich
4 — Karte für den Bauch, das Unbewußte, die Wurzel
5 — Vergangenheit
6 — Zukunft
7 — du in deinem Verhältnis zu dir
8 — dein Verhältnis zu anderen, ihre Beziehung zu dir
9 — Hoffnungen und Befürchtungen
10 — Aussicht, Hinweis, Synthese, Resultat

Der Lebensbaum

Dieses Spiel ist eine freie Interpretation des kabbalistischen Baums, von dem auch die Struktur übernommen wurde. Der Baum ist aus drei übereinanderliegenden Dreiecken und einer Basiskarte zusammengesetzt. Die Dreiecke stellen jeweils Kopf, Herz und Bauch dar. Weiterhin stehen die drei linken Karten für die männliche Seite, die vier in der Mitte für das Zentrum und die rechten Karten für die weibliche Seite.

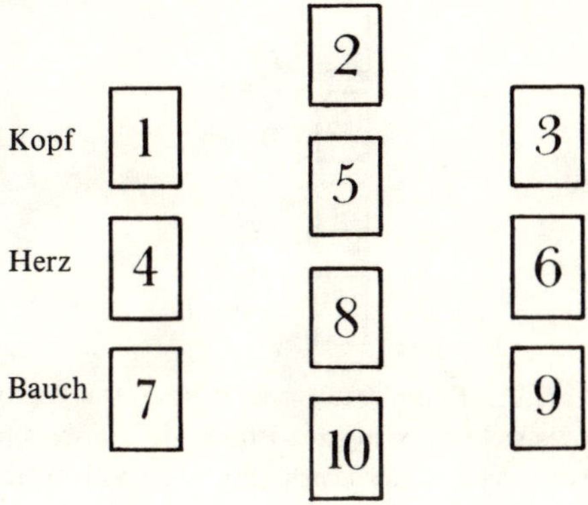

Das Chakraspiel

7	Krone
6	drittes Auge
5	Kehle
4	Herz
3	Bauch
2	Sex
1	Wurzel

Chakras sind feinstoffliche Energiezentren im Körper. Das erste Chakra ist das Wurzelchakra, es steht in bezug zur Produktion unseres physischen Körpers, es ist verbunden mit dem Geruchssin und dem Element Erde. Das zweite Chakra ist das Sexchakra. Es befaßt sich mit der Reproduktion und mit Beziehungen zu anderen Körpern. Es ist das Zentrum für Geschmack und verbunden mit dem Element Wasser; es möchte fließen. Das dritte ist dsa Bauchchakra, es sucht Expansion und Wärme, es gibt Licht und Leben. Das Element ist Feuer, und es ist verbunden mit dem Sehen.

Das vierte Zentrum ist das Herzchakra. Es ist die Erfahrung der Liebe, des Miteinanders, und ist verbunden mit Berührung. Es ist das Zentrum für Luft, Atem. Es möchte sich bewegen, sich durchdringen, sich beziehen. Das fünfte Zentrum ist das Kehlchakra. Es befaßt sich mit Raum, Ausdruck, Kreativität und Ton. Sein Element ist der Äther, die alchemistische Quintessenz, die Feuer, Wasser, Erde und Luft enthält. Sein zugehöriger Sinn ist das Hören.

Das sechste Chakra ist das dritte Auge, die Visionskraft, Intuition, der sechste Sinn. Es ist verbunden mit Gedanken und der Dimension der Zeit. Das siebte Chakra ist die Krone des Daseins, das Bewußtsein, das pure Sein.

Offene Spiele

In den offenen Spielen orientieren wir uns ganz an der Problemstellung des Fragenden. Das Ziehen jeder Karte ergibt sich aus der neu auftauchenden Fragestellung in jedem Spiel von selbst.

Es ist möglich, für die verschiedenen Aspekte des Selbst eine Karte zu ziehen, für ihre Beziehung zueinander, für das Verhältnis vom Fragenden zu anderen Personen und zu sich selbst, oder einfach eine Karte für den heutigen Tag, für eine Verabredung, für die Arbeit etc.

Die Möglichkeiten sind unbegrenzt, und es ist dem Leser überlassen, für sich die geeignete Form immer wieder neu zu finden, seiner Spontaneität und Kreativität freien Raum zu geben.

Literaturverzeichnis

1. Erich Bauer, ,,Tarot"
   Quelle therapeutischer Wandlung (München 1982)
2. R. Gardner, ,,The Tarot speaks"
3. Elisabeth Haich, ,,Die zweiundzwanzig Bewußtseinsstufen des Menschen" (Stuttgart 1969)
4. Hans Dieter Leuenberger, ,,Schule des Tarot", — ,,Das Rad des Lebens" (Freiburg 1981)
5. P. D. Ouspensky, ,,The symbolism of the Tarot" (Dover Publications, New York)
6. Rachel Pollack, ,,Seventy-eight Degrees of Wisdom" a book of Tarot (Wellingborough 1983)
7. A. Edward Waite, ,,Der Bilderschlüssel zum Tarot"
   (Urania Verlags AG, Neuhausen)

Der Autor

Mario Montano
wurde 1943 in Italien geboren. Nach seinem Studium und der Promotion in Philosophie lehrte er 10 Jahre an verschiedenen Universitäten in Amerika. Mario Montano ist der Begründer des Intuitiven Tarot und der Intuitiven Astrologie und leitet seit 10 Jahren Seminare und Trainings im In- und Ausland. Mit-Autor der Bücher: ‚The Unknown Dimension', New York; ‚Il Tarocco Intuitivo', Mailand 1978.

Dieses Buch entstand im Sommer 1984 in Zusammenarbeit mit Rupda Irene Bürgel und Andrea Zeugner.

Rupda Irene Bürgel
geboren 1957, Körpertherapeutin und Co-Therapeutin von Tarotseminaren und Trainings. Ausgebildet in verschiedenen Körpertherapien, Psychic Massage und Reiki, jahrelange intensive Selbsterfahrung in Healing (u.a. Dina Rees). Seit 6 Jahren Einzel- und Gruppenarbeit.

Andrea Zeugner
Atemtherapeutin und Ärztin, arbeitete 8 Jahre in verschiedenen Ländern Europas und leitete Trainings für Rebirther. Heute lebt und arbeitet sie als Ärztin in Freiburg.

Mario Montano und Rupda I. Bürgel leben zusammen in München und sind verfügbar für Einzelsitzungen, Abend- und Wochenseminare und Trainings.
Weitere Informationen über: Urania Verlags AG
CH-8212 Neuhausen

Intuitives Tarot
Wochenendseminare

Tarot ist ein uraltes Spiel, das von Menschen über Tausende von Jahren gespielt wurde — das Orakel. Es ist ein Mythos, durch den etwas ungeheuer Lebendiges und Wirkliches, eine Transformation geschehen kann.

Das **Intuitive Tarot** basiert auf Intuition und Einsicht, nicht auf festen Bedeutungen. In seinen Tarotseminaren setzt Mario Montano Spiele und Techniken ein, die er speziell geschaffen hat, damit die Teilnehmer ihre Intuition wiederentdecken können — und vor allem ihr wieder vertrauen können. Ist dieses Selbstvertrauen erst einmal entwickelt, wird die Intuition zum kraftvollsten »Instrument« beim Tarot-Spiel für sich selbst oder andere Menschen. Ziel ist es, jeden einzelnen dazu zu befähigen, von angesammeltem Wissen oder festgelegten Interpretationen loslassen zu können und es zu erlauben, von der eigenen Intuition geführt zu werden. **Intuition** kommt vom Herzen — sie ist weiblich, passiv, gewaltlos. Sie kommt von alleine — sie ist ein **Sprung zum Wissen** — ohne logische Folgerungen. Man weiß nicht, woher man weiß.

Intuition ist, völlig aus der Gegenwart zu trinken. Sie basiert nicht auf dem Wissen der Vergangenheit, sondern darauf, die Gegenwart zu kennen; nicht auf Gedächtnis, sondern auf Wahrnehmung; nicht auf Erinnerung, sondern auf Sehen.

Das **Intuitive Tarot** ist ein Mittel, um in unsere Tiefe zu gehen und um unser Potential und innere Führung zu entdecken. Unser Leben wird hauptsächlich von unseren unbewußten Wünschen, Gedanken und Gefühlen bestimmt — sind diese durch das Tarot erst einmal bewußt geworden, so können wir *frei* entscheiden, welchen Weg wir weiter einschlagen wollen. Aufgaben, Risiken und Entscheidungen, die das Leben stellt, können klarer gesehen und in ihrem tieferen Zusammenhang verstanden werden.

Mario Montano: *„Wenn ich in Seminaren Tarot spiele, fühle ich mich oft an das Theater im alten Griechenland erinnert. Dort wurden die grundlegenden psychologischen Dramen der individuellen Psyche ausgespielt. Das Ganze gipfelte dann in der Katharsis des reinigenden Durcherlebens. Das war damals die*

Struktur, und dieses Theater hatte eine sozio-psychologische Funktion — das Unbewußte hervorzubringen und aus der Entfernung anzuschauen. Dieser Vorganglichte Einsichten und Klarheit im Leben des Einzelnen.
So arbeitet auch das ***Intuitive Tarot.***
All unsere Probleme, so einzigartig sie uns auch erscheinen mögen, haben einen universellen Aspekt. In meinen Tarotgruppen besteht ein ständiger Spiegeleffekt und genau das fehlt uns heute in der westlichen Gesellschaft. Wir leben durch das Fernsehen, die Mode usw., das Soziale zielt auf Gleichmacherei ab. Die Möglichkeit etwas Tiefes gemeinsam zu erleben ohne gleichzeitig als individuelle Person untergebuttert zu werden besteht in meinen Seminaren. Es herrscht eine Atmosphäre von Zeitlosigkeit und Magie — das ist phantastisch, das ist eine große Kraft."

In dieser Atmosphäre ist es möglich einen tiefen Zugang zum Tarot zu bekommen, das ein Medium ist für das Unbekannte.

Schwerpunkte sind:
- Einführung in die Großen und Kleinen Arkana und Hofkarten
- Selbsterfahrung mit dem Tarot
- Tarot, Gestalt und Psychodrama
- Tarot und Traumarbeit

Weitere Tarots, Tarot-Sets und Bücher von Urania

Howard Rodway & Sylvia Gainsford

Set "Tarot der Weisen Frauen"

Der *Tarot der Weisen Frauen* wurzelt in einer ebenso ehrwürdigen wie lebendigen Tradition: dem *Wicca,* auch als die Alte Religion, die Alte Kunst oder der Alte Weg bezeichnet. Darin leben vitale Elemente der archaischen Naturreligion des Abendlandes fort. Dieses Tarot-Set wurde in Zusammenarbeit mit acht Priesterinnen des *Wicca*-Kultes in Großbritannien und den USA geschaffen. Sie steuerten Symbolerklärungen, Tarot-Rituale und Kartendeutungen bei, so daß ein wirklich authentischer *Tarot der Weisen Frauen* entstand.

Set (Buch & Karten) ISBN 3-908646-14-6
Buch (160 S.) ISBN 3-908644-75-5
Tarot der Weisen Frauen (78 Karten) ISBN 3-905021-34-X

Karen Vogel & Vicki Noble

Motherpeace Tarot

Ein Tarot von Frauen für Frauen, der zu den modernen Klassikern in der Welt des Tarot zählt. Die deutsche Ausgabe erschließt dieses prachtvolle und symbolreiche Spiel allen Frauen, die das Bedürfnis nach echter Selbsterkenntnis und realer Lebenshilfe verspüren. Seine Motive verschmelzen das uralte Menschheitswissen des Matriarchats mit der weiblichen Spiritualität der Gegenwart. Deren beziehungsreicher Ausdruck ist die runde Kartenform: "ein nach allen Seiten offener Kreis von Sinn und Bedeutung."

Motherpeace Tarot (78 Karten m. Anl. 25 S.) ISBN 0-88079-538-7